8° Lf 76 11 (A)

1758

Anonyme

ches et considérations sur finances de la France

4

L f 76
11
A

7

L 200

RECHERCHES

ET CONSIDERATIONS

SUR

LES FINANCES

DE FRANCE,

Depuis 1595 jusqu'en 1721.

ANNÉE 1687.

Epuis quelques années, les gratifications étoient prefque retranchées fur le Commerce & les Manufactures; mais on ne ceſſa point de veiller à leur confervation. Le plus grand obſtacle que les manufactures de laine en particulier trouvaſſent à leurs progrès, étoit la concurrence des étoffes des Etrangers. Ils nous les vendoient à plus bas prix que les nôtres mêmes, parce que le nombre de leurs manufacturiers étoit plus grand, parce qu'elles étoient exemptes de droits à la sortie de leur pays, quelquefois même encouragées par quelque récompense. Il fut résolu de hausser les droits à leur entrée en France ; & pour éviter les fraudes, les Ports de Calais, Saint-Valery & Bordeaux, furent les seuls où il fut permis de les recevoir.

Une plus longue possession nous mettoit en état de vendre au-dehors quelques étoffes de soye ; mais le Ministre s'apperçut aisément que les droits intérieurs étoient trop forts : les manufactures de ce genre du Dauphiné, de Provence, de Languedoc allant en Italie, furent déchargées provisionnellement de la douane de Lyon ; celles pour l'Espagne ne furent déchargées que de la moitié. Sans doute que l'argent d'Espagne n'étoit pas aussi bon à gagner que celui de l'Italie. En revanche elles furent affranchies en sortant par Bayonne & par Bordeaux.

Si ces bonnes dispositions font honneur à l'intelligence du Ministre, on ne doit pas lui sçavoir moins de gré d'avoir diminué les droits d'entrée dans l'étendue des cinq grosses Fermes, sur les soyes du Dauphiné, de la Provence & du Languedoc : il les exempta même du passage de Lyon ; encore un pas il rendoit la vie à cette branche importante de notre Commerce. Ce pas dépendoit d'une autre combinaison qui fut peut-être inconnue au Ministre, ou qu'il n'eut pas le courage de faire : & le bien, s'il n'est fait qu'à moitié, ressemble à ces édifices élevés jusqu'à une certaine hauteur, & ensuite abandonnés aux injures du tems & des saisons qui les ruinent chaque jour.

En vain le Gouvernement eût-il fait des efforts encore plus grands en faveur de ses Manufactures, si les Fermiers des douanes eussent continué de régir sur les mêmes principes. Le droit d'entrée sur les crépons de Boulogne avoit été réglé à trente pour cent de la valeur pour encourager la fabrique de Reims : mais comme ceux-ci sortoient sans payer de droits, les Commis imaginerent qu'il étoit plus avantageux à la Ferme de recevoir ceux de Boulogne en payant quinze pour cent de droits. Cette malversation découverte ne donna point l'éveil sur d'autres qui se commettoient alors. Le droit à la sortie des peil-

les ou drapeaux fut porté de six livres à
douze livres par quintal, fans que par
des raifons à peu près femblables on
parvînt à dégouter l'Etranger de les
acheter.

Il eft jufte de dire un mot de l'Ordonnance de cette année fur les cinq groffes
Fermes , puifqu'elle doit être cenfée
contenir les principes de la régie actuelle. On peut dire qu'en général ceux de
M. Colbert y furent fuivis, excepté en
quelques points. Tout ce que la Loi
doit à la confervation & à la protection
du Commerce, eft d'être fimple, claire,
facile ; mais toute perception éxige des
formalités, dont les Négocians ne peuvent fe plaindre fans injuftice, tant qu'elles font bornées au néceffaire exact. Ac-
coutumés à l'ordre, il doit leur être moins
pénible qu'à d'autres de s'y foumettre ,
& d'y aftreindre ceux qu'ils employent.
Il eft vrai qu'une Loi générale ne peut
pourvoir à tous les cas particuliers ;
alors la bonne foi doit être la regle des
décifions, & dans ces décifions le Commerce a pour fauvegarde les lumieres
& les bons principes du Miniftre des
Finances. Car faire des loix nouvelles,
ou les étendre à quelques cas particuliers, comme cela eft arrivé fouvent ,

c'eſt rendre le Commerce impraticable : principalement ſi ces extenſions ont été accordées ſur le vœu d'une ſeule partie, intéreſſée à ſe procurer, par quelque ambiguité, la matiere de nouvelles prétentions. La conſervation de la recette & du Commerce dépendront toujours de l'harmonie entre le contribuable & le Régiſſeur.

Le *Titre I.* regle la police qui doit être obſervée à l'égard des droits de ſortie & d'entrée, des droits d'acquits de payement & à caution, & des certificats de deſcente. *L'article premier* établit que les droits ſeront payés, même ſur les marchandiſes deſtinées à l'uſage & au ſervice de Sa Majeſté. L'oubli d'une Loi ſi ſage occaſionna dans la ſuite des abus ſi conſidérables, qu'en 1716 on évaluoit à neuf cent mille livres le préjudice que les paſſeports apportoient à la recette des Fermiers ; encore n'étoit-ce qu'une partie du mal ; le plus grand ſans contredit étoit l'introduction aſſurée des marchandiſes prohibées dans l'Etat. Un Miniſtre des Finances devroit ſe faire une loi invariable de n'accorder aucune eſpece de paſſeport de faveur, dont on abuſe toujours.

L'article fecond porte qu'il ne fera fait aucune déduction de l'emballage fur les marchandifes qui payent au poids. En effet ce feroit une chofe trop embarraffante & trop dangereufe que le déballage des marchandifes. Mais je remarquerai fur cet article combien il eft peu jufte, & même peu convenable, de percevoir des droits au poids ou à la piece. Prefque toutes les denrées ont dans leur efpece, ou leur genre, diverfes qualités: d'où il réfulte que le payement au poids ou à la piece favorife les marchandifes fines & cheres, par préference à celles qui font communes & d'un prix médiocre. Une pareille police eft fouvent très-fatale au Commerce, & dans une infinité de cas favorife la fraude. Elle a ajouté un inconvénient très-important, & qui n'a pas été affez remarqué, aux dommages réels qu'ont porté à la France les augmentations des monnoies: car une piece de drap étranger qui payoit dix francs de droit d'entrée, l'argent monnoyé étant à vingt-fix livres quinze fols le marc, fe trouve aujourd'hui payer la moitié moins de droits intrinfequement. On peut affigner cette caufe pour une de celles qui ont le plus contribué à diminuer nos pêches, tandis que l'importation des pêches étrangeres augmentoit.

L'article cinquieme ordonne que les vins d'Anjou & Provinces circonvoisines payeront les droits à leur passage en Bretagne, quand même leur destination seroit pour les lieux de l'étendue de la Ferme. N'étoit-ce pas favoriser d'une maniere singuliere le Commerce des vins de la Bretagne préferablement à ceux d'Anjou ; augmenter les motifs de la Bretagne pour rester Province étrangere ? Enfin par quelle fatalité les vins de l'Anjou & Provinces circonvoisines devoient-ils payer plus de droits en se consommant à l'Occident qu'au Midi, dans les lieux de l'étendue de la Ferme ?

L'article sixieme porte que les marchandises non comprises dans le tarif seront appréciées de gré à gré par le Fermier & le Négociant, & que la valeur, en cas de contestation, sera réglée sur le champ par un des Juges des traites. Il est évident qu'un pareil Réglement est très-opposé au bien du Commerce & à sa facilité ; 1°. on suppose qu'un voiturier chargé de payer les droits est en état de discuter avec

le Régiffeur ; 2°. on expofe la marchandife au retard jufqu'à ce que la
conteftation ait été vuidée ; 3°. on
prend pour arbitre un Juge qui n'eft
point au fait des marchandifes , & qui
prendra pour guide dans une bourgade
un expert auffi ignorant que lui , ou
peut-être fufpect.

Toute marchandife connue dans le
Commerce doit être énoncée dans un
tarif régulier ; fi elle eft apportée pour
la premiere fois dans le Commerce ,
quel tort feroit-on au Fermier de la com-
prendre dans la claffe la plus baffe de la
même efpece , jufqu'à ce que le Miniftre inftruit par le Négociant & le Fermier en fixât les droits & la valeur ?
Par-là on éviteroit ces tarifs d'ufage &
à la main qui font incompatibles avec
la fureté du Commerce & des Sujets.
Le droit fixé en général à cinq pour cent
eft-il d'ailleurs judicieufement établi ?
N'eft-il pas des denrées qui n'en peuvent porter que deux , & fouvent point
du tout ?

L'article huitieme n'accorde que trois
jours de franchife aux marchandifes déchargées d'un vaiffeau qu'une tempête
ou un coup de vent a obligé de relâ-
cher , à moins qu'on n'obtienne une

prolongation , qui ne pourra être que de quinzaine. Mais faisoit-on réflexion qu'un navire qui décharge ses marchandises par incommodité dans sa coque, ne peut être réparé dans trois jours ni souvent dans quinze ? On ne s'étoit pas même donné la peine de prévoir qu'un vaisseau relâché par accident peut être hors d'état de service , & qu'alors il faut changer de vaisseau. Dans ce cas, les marchandises versées de bord à bord sont assujetties à payer les droits d'entrée & de sortie par *l'article septieme.* Quelle différence de ces vûes avec celles de l'entrepôt général établi en 1669 par le grand Colbert !

L'article dixieme exempte en vain les marchandises prises en guerre sur les ennemis , des droits d'entrée & de sortie , en les faisant sortir un mois après l'arrivée : car on y joint pour condition qu'elles n'auront point été vendues ; c'est-à-dire , qu'il faut que les Intéressés fassent de concert une nouvelle entreprise, & s'exposent à de nouveaux risques pour envoyer eux-mêmes à l'Etranger les marchandises de leur prise. Cela est même incompatible avec les formes de l'Amirauté établies pour la sûreté des matelots &

des Intéressés. Ne valoit-il pas mieux obliger les acheteurs à déclarer s'ils entendoient réexporter les marchandises qu'ils se feroient adjuger, & sur cette déclaration exiger les droits ou entreposer les marchandises ?

Le *Titre II.* des déclarations, de la visite & des acquits, présente un ordre général assez clair & pratiquable en général, quoique dans bien des circonstances particulieres il ait besoin d'être modifié. Mais hors de ces circonstances locales, rien ne paroît empêcher le Négociant d'observer tout ce qui s'y trouve prescrit. Tout homme qui commerce est censé sçavoir comment doit se faire une expédition.

Le *Titre IV.* sur la marque des toiles & étoffes fabriquées dans les frontieres des Provinces de l'étendue de la Ferme, paroît s'être occupé des moyens d'empêcher les versemens des Manufactures des Provinces réputées étrangeres ; mais si quelque gêne devoit être établie, pourquoi ne préféroit-on pas de les imposer sur les Manufactures de ces Provinces étrangeres, pour diminuer leur avantage & les amener à l'uniformité ? Si l'on avoit en vûe d'empêcher l'introduction des étoffes véritablement étrangeres, je répondrai qu'il étoit encore plus sûr & plus convenable d'en attirer la fabriquation sur nos terres par des encouragemens, & en laissant jouir nos Manufacturiers de la même liberté que ceux de nos voisins.

Le *Titre VIII.* sur les marchandises de contrebande n'offre rien de remarquable que l'*article troisieme*, contre lequel le vœu public s'élève depuis un demi-siecle, & qui subsiste cependant parce qu'il a existé. Il défend la sortie de l'or & de l'argent monnoyé & non monnoyé, ainsi que des pierreries. Ainsi il est défendu en France de payer la dette nationale ; il y est défendu de rendre l'Etranger tributaire par les changes ; nous refusons à ces Etrangers de recevoir leur argent en dépôt jusqu'à ce qu'ils se soient déterminés à en faire quelque usage. Aux termes rigoureux de cet article nos ouvrages d'or & d'argent ne devroient point se porter à l'Etranger, malgré le bénéfice que nous procure notre main-d'œuvre. L'aveuglement est poussé jusqu'à défendre la sortie des pierreries, qui forment cependant un objet du luxe étranger.

Dans le *Titre XI.* de la saisie des marchandises, on accorde au Fermier tous

les avantages poffibles pour fa fûreté,
jufqu'à ne prévoir aucun des abus qui
peuvent fe commettre dans la confec-
tion des Procès-verbaux, vis-à-vis d'un
voiturier qui ne fçait pas lire la plûpart
du tems ; mais dans aucun article il n'eft
parlé de mettre le Commerce en fûreté
par la punition d'un Commis qui faifit
mal-à-propos. Le Fermier, dira-t-on,
répond du fait de fes Commis, & le
Juge ordonne le dédommagement qui
lui paroît convenable. Cela eft bien
dans la fpéculation ; mais dans le fait,
parmi un nombre infini de contefta-
tions qui fe décident journellement contre le Fermier, après des retards, des
difficultés, un trouble inexprimable,
en voit-on réfulter quelqu'exemple favorable au Commerce ? Ne pouffe-t-on
pas la délicateffe jufqu'à leur épargner
même le terme de reftitution, lorfqu'ils
ont trop perçu ? Il faut, dit-on, ména-
ger l'honneur des Compagnies. On ne
s'arrêtera point à combattre cette maxime inconnue à nos peres & dans la
Loi ; mais quelle Compagnie mérite
plus d'égards que la Nation ? Et n'eft-
ce pas la Nation entiere qui fait le Commerce ? La décifion d'un cas particulier
n'intéreffe-t-elle pas toute la ville, tou-

te la Province où les Parties réfident ?
De femblables diftinctions font - elles
dans l'ordre réel de la Juftice diftribu-
tive ? Celui au nom duquel elle eft ren-
due n'eft-il pas le pere commun des Sujets ? Les conféquences monftrueufes
de pareils principes ne tendent-elles pas
à la deftruction de l'ordre & de la police dans l'Etat ? Si tout n'eft pas égal
fous la Loi, l'autorité décline.

L'article quatrieme du Titre XIII. défend au Fermier d'abandonner à fes
Commis les amendes & confifcations
qui pourroient être jugées à fon profit,
foit en tout , foit en partie. Cette défenfe eut pour objet de modérer l'avidité des Commis, & d'empêcher qu'ils
ne troublaffent le Commerce, comme
témoins & parties , parce que leurs Procès-verbaux font foi. Mais le commun
des hommes eft il capable d'une certaine activité , fi quelque intérêt preffant
ne l'excite en eux. D'un autre côté ,
l'efprit des Régiffeurs eft toujours de
diminuer la dépenfe , & de donner des
falaires modiques ; il a fallu en venir
à intéreffer par des gratifications les
Commis dans les faifies qu'ils font pour
réveiller leur zele & prévenir la corruption ; ainfi dans ce point l'efprit de

la Loi eft éludé. Malgré cela , les falaires des Commis font tels qu'ils ne
peuvent fuffire à leur fubfiftance , &
nous voyons cependant que dans les
lieux confidérables ceux qui faififfent
le moins vivent avec plus de commodité que les autres. Il eft de fait que
les trois quarts de la fraude fe font par
les Commis mêmes à moitié bénéfice entre eux & le fraudeur ; ils en font fouvent les premiers inftigateurs ; & cette
licence a redoublé depuis qu'un grand
nombre placé par des protections , ima-
ginent leur fortune à l'abri du mécon-
tentement des Fermiers. Ceux-ci encore
foutiennent entre eux leurs propres protégés , & beaucoup de chofes très-gra-
ves reftent impunies. Il eft évident que
fi je dois 200 livres de droits , je gagne
à en donner cent cinquante aux Commis de la main à la main , & que ces
Commis accepteront ma propofition ,
fi la rigueur ne leur produit qu'un ou
deux louis , ou même quatre.

Le *Titre XIV*. traite de la police gé-
nérale des droits d'entrée & de fortie.
L'article premier donne le pouvoir au
Fermier d'augmenter ou changer fesBu-
reaux fur la fimple permiffion des Juges.
On ne s'étendra point fur les abus qu'-

une si grande facilité entraîne après elle. On prie seulement le lecteur de se rappeller tout ce qu'il a vû à ce sujet en divers endroits, & de relire ce que M. Colbert en a pensé dans le petit Mémorial copié sur son Manuscrit, & qui se trouve à la fin de la troisieme époque. D'après une pareille autorité, personne ne doutera que ces établissemens ne soient de la plus grande importance, dignes de toute l'attention d'un Ministre, & d'une information particuliere communiquée au Commerce des Villes & des Provinces voisines.

L'*article sixieme* enjoint au Fermier d'avoir en chaque Bureau en un lieu apparent un tarif de droits. Cela est juste & exécuté en partie, puisque par-tout on voit quelques lambeaux d'une pancarte enfumée qui ressemble à quelque chose de pareil. Mais ne devroit-on pas proscrire les pancartes à la main ? Tous les changemens survenus dans les tarifs ne devroient-ils pas être connus ? Enfin la sûreté publique n'exigeroit-elle pas que dans chaque Chambre de Commerce du Royaume il y eût sous la garde des Consuls un livre que les Négocians pourroient consulter, & où tous les Arrêts intervenus sur chaque espece se trouveroient ? C'est le Fermier qui propose la Loi, qui la rédige, & lui seul en a connoissance. On imprime, à la vérité, quelques Arrêts du Conseil ; mais les plus intéressans ne sont pas publiés, sur-tout lorsqu'ils sont favorables au Commerce. Rien n'est plus propre à introduire l'arbitraire dans la perception, police aussi ruineuse pour les revenus publics que pour le contribuable ; cela explique la différence qui se trouve souvent entre les droits perçus dans un Port ou dans un autre. Ce cas n'est pas très-commun, mais il n'est pas si rare qu'on se l'imagine.

Enfin si l'usage qu'on propose eût été établi depuis long-tems, beaucoup de nouveautés, qui ont aujourd'hui pour titre la prescription, n'auroient point été admises, & le Commerce auroit moins de charge à porter. Personne ne peut nier que la Loi ne doive être connue dans tous ses détails par tous ceux qui y sont soumis ; & dans les contestations qui s'élevent entre les Négocians & le Fermier, celui-ci a l'avantage d'un homme très-sain qui prendroit querelle avec un aveugle.

Les revenus monterent cette année à cent dix-sept millions deux cent quatre-vingt-

vingt-douze mille cent foixante & douze livres ; les charges & diminutions à trente millions quatre cent dix mille foixante & feize livres ; les parties du tréfor Royal furent de quatre-vingt fix millions huit cent quatre-vingt deux mille quatre-vingt feize livres.

Les dépenfes monterent à quatre-vingt-douze millions quatre-vingt-huit mille deux cent vingt-huit livres , y compris deux millions fept cent quarante-huit mille trois cent livres pour remboursement & intérêts d'avance.

RÉCAPITULATION des Revenus en 1687.

	Revenus.	Charges & Diminutions.
Fermes générales	63526484 liv.	57652569 liv.
Autres Fermes	2354750	161175
Recettes générales des Pays d'Elections	32433655	9729755
Idem. Des Pays d'Etats	4430601	2304047
Dons gratuits des Pays d'Etats	6409721	127180
Bois	1517857	435450
Revenus cafuels	3055665	
Etapes & fecondes parties	3517439	
Total.	117292122 liv.	30480076 liv.

Net . . . . 86881096 liv.

Cette année le bail des Fermes unies finit ; celles des Aides & des Domaines furent séparées des autres , dont l'adjudication fut accordée à Pierre Domergue , comme au plus offrant & dernier enchériffeur , pour la fomme de trente-fix millions. Sçavoir , les Gabelles de France pour la fomme de dix-fept millions cinq cent mille livres ; les cinq groffes Fermes & le tabac pour onze millions huit cent mille livres ; les Gabelles du Lyonnois pour feize cent vingt mille livres ; celles de Provence & Dauphiné pour deux millions quatre-vingt mille livres ; celles de Languedoc & de Rouffillon pour deux millions cinq cent mille livres ; le Domaine d'Occident pour la fomme de cinq cent mille livres.

Il a déja été parlé plufieurs fois du Domaine d'Occident , fans expliquer en quoi il confiftoit, le réfervant à cette occafion. La Compagnie des Indes Occidentales, en accordant aux Particuliers la permiffion de trafiquer dans l'étendue de fa conceffion , avoit impofé des droits fur leur Commerce. La liberté répara tout , & malgré cet avantage qu'elle confervoit fur fes concurrens , elle perdit où les autres s'enrichiffoient. Le Roi en la rembourfant

B ij

entra dans tous les droits qu'elle avoit
établis ; la Ferme en fut adjugée à cent
feize mille livres en faveur de ce même
Oudiette qui avoit obtenu la conceſſion
du Commerce excluſif à la Côte de Guinée ; l'une & l'autre lui fut retirée à la
fois , & la Ferme du Domaine d'Occident dans les Colonies fut jointe en
1682 au bail des Fermes unies pour la
même ſomme. On commençoit à connoître un peu mieux ces pays , & l'en-
chere de cette Ferme fut portée à cinq
cent mille livres. On croit ne pouvoir
rien faire de mieux que de tranſcrire
ici l'article du bail qui concerne ce Domaine ; on y découvrira les vraies cauſes qui ont ſi long-tems retardé les progrès de la Colonie du Canada en particulier , & l'origine de la chute de nos
Manufactures de chapeaux , ſi long-tems
décrédités dans l'Etranger , ſans que les
Réglemens en puſſent rétablir la réputation.

Les principes établis juſqu'à préſent
ſont ſi clairs , que tout commentaire
ſur ces Réglemens eſt inutile ; & l'on ſe
tait pour avoir trop à dire. On ne peut
cependant ſe refuſer à une réflexion ſur
la maniere dont s'introduiſent certaines
méthodes , & dont elles s'accréditent.

On avoit d'abord établi des priviléges exclufifs. en faveur de Particuliers qui s'affocioient pour entreprendre un établissement coûteux & rifquable ; quoique le Gouvernement eût pû remplir fon objet plus fûrement & plus promptement par la liberté , & en facrifiant feulement la moitié des fommes qu'il lui en a coûté ; au moins le motif étoit fpécieux. Ces monopoleurs, après s'être ruinés , rendoient les établiffemens tout auffi imparfaits qu'auparavant ; la concurrence étoit enfin appellée au fecours de l'Etat. Mais dans le même tems par une contradiction manifefte, on oppofoit à ces mêmes Particuliers, qui fembloient d'abord trop foibles , des gênes, des reftrictions, des impôts tels qu'une Nation n'auroit pas d'autres précautions à prendre pour recouvrer fa navigation ufurpée par les Etrangers. On ne fe contenta pas encore de ees traitemens ; on accorda à des Fermiers qui ne procuroient aucun avantage à une Colonie , le même exclufif deftiné à compenfer les travaux & les rifques des Compagnies de Commerce. On vit tranquillement les Anglois nous enlever tout notre Commerce de caftors & de

pelleteries; on vit tomber nos Chapel-
leries & les leurs s'accroître : les yeux
furent fermés.

DOMAINE D'OCCIDENT.

CANADA.

Caftors.

« Le Fermier fera mis en poffeffion
» à l'entrée du préfent bail des Caf-
» tors qui fe trouveront en France
» dans les magafins de la Ferme, & il
» recevra ceux qui arriveront pour le
» compte de Fauconnet, deftinés pour
» y être confommés, dont il ne pourra
» prétendre aucuns droits, le tout en
» rembourfant à Fauconnet le prix qui
» fera réglé en notre Confeil; & il fera
» permis à Fauconnet de déclarer par
» entrepôt & de faire fortir pour les
» pays étrangers, fans payer aucuns
» droits, les Caftors qu'il aura fait venir
» pour y être tranfportés ».

Il jouira, à l'exclufion de tous autres, de la faculté de tranfporter en
France & dans les pays étrangers, les
Caftors du pays de Canada & de la
nouvelle France, & autres pays de l'A-

mérique septentrionale habités par les Colonies Françoises.

Toutefois il sera au choix des Habitans de l'Acadie ou de Terre-neuve de porter leurs Castors au Bureau de l'Adjudicataire à Québec, ou d'en faire commerce à droiture en France, pour y être vendus de gré à gré à l'Adjudicataire, si mieux ils n'aiment les y déclarer par entrepôt pour les transporter aux pays étrangers ; auquel cas ils ne payeront aucuns droits d'entrée & de sortie.

La réception des Castors sera ouverte au Bureau de l'Adjudicataire à Québec, depuis le premier Juillet jusqu'au vingtieme Octobre de chacune année, après lequel jour ils ne seront reçus que pour être envoyés en France l'année suivante.

L'Adjudicataire *jouira du quart de tous les Castors qui lui seront livrés à Québec, même de ceux de l'Acadie qui y seront portés, & de deux pour cent pour le trait,* du poids qui sera fait entre deux fois, & le restant sera par lui payé ; sçavoir,

Le Castor gras & demi-gras, cinq livres dix sols la livre poids de marc.

Le Castor veule & de Moscovie, quatre livres dix sols.

Le Caftor fec trois livres dix fols.

Le Caftor fec des Illinois quarante-cinq fols.

Et le Caftor fec d'été, rognures & mitaines, trente-cinq fols.

Les Caftors livrés avant le vingtieme Octobre feront payés ; fçavoir, aux Habitans du pays en lettres ou billets de change fur France, moitié à deux mois de vûe, & le furplus quatre mois après ; & aux Marchands forains moitié à trois mois de vûe, & moitié trois mois après; & ceux qui feront apportés après le vingt Octobre feront payés en lettres de change payables au mois de Janvier après l'année révolue.

L'Adjudicataire jouira auffi du quart de la valeur des Caftors que les Chapeliers du pays convertiront en chapeaux, & le payement lui en fera fait en argent ou en Caftor fur le pied du prix courant des Caftors dans Québec.

Police.

Nul ne pourra aller en traite chez les Sauvages qu'avec le congé du Gouverneur, *& après avoir donné caution à l'Adjudicataire pour le retour dans le tems qui y fera prefcrit, & déclaré la quantité*

&

& qualité des marchandifes qu'il y tranf-
portera , le tout à peine de cinq cent livres d'amende.

Il ne pourra être délivré annuellement
plus de vingt-cinq permiffions ou congés, à
peine de nullité , & ils feront enregiftrés
au Bureau de l'Adjudicataire.

Les Maîtres & Pilotes des bateaux &
barques navigeans fur le fleuve Saint-
Laurent aborderont au Bureau de Québec , & y feront une déclaration de
leur charge à peine de confiscation.

Caftors des Armateurs.

Les Armateurs pourront tranfporter
en France les Caftors de leurs prifes ,
en y *payant fix livres* pour chaque livre
pefant de Caftors en peau , *& neuf li-*
vres pour chaque livre de poil de Caftor ,
le tout outre les droits du tarif de 1664,
fuivant l'Arrêt du Confeil du 24 Mars
1685. Ils pourront auffi les y déclarer
par entrepôt pour les pays étrangers ,
auquel cas ils ne payeront aucuns droits.

Orignaux.

L'Adjudicataire jouira du dixieme des
Orignaux fortans du pays de Canada ,
Tome *IV.*   C

de la nouvelle France , *& autres pays* habités par les François dans l'Amérique feptentrionale , même de ceux de l'Acadie s'ils font portés à Québec.

Toutefois les Habitans de l'Acadie auront pour les Orignaux la même faculté qui leur eft accordée pour les Caftors par l'article 344 du préfent bail.

Traite de Tadouffac.

L'Adjudicataire pourra faire *la traite de Tadouffac à l'exclufion de tous autres* , fuivant l'Arrêt du Confeil du 16 Mai 1677.

Droit de dix pour cent.

Il jouira auffi *du droit de dix pour cent fur le vin* , *eau-de-vie & tabac entrant en Canada ;* à l'exception de ce qui fervira à l'avituaillement des vaiffeaux.

L'ufage de l'eau-de-vie ne pourra être interdit fous prétexte de police ou autrement , qu'en indemnifant l'Adjudicataire.

ISLES DE L'AMÉRIQUE.

Droit de Capitation.

L'Adjudicataire jouira du droit de Capitation dans les Isles & Terres-fermes de l'Amérique qui sont sous notre domination, même dans les Isles que nous pourrons conquérir pendant le cours du présent bail.

Le droit sera tenu par chaque Habitant au premier de Janvier de chacune année, même par les Mulâtres, Négres mâles & femelles, & Créoles libres, à raison de cent livres pesant de sucre poids de marc, suivant l'Ordonnance du sieur de Baas du 12 Février 1671, & celle du sieur Begon du 11 Juillet 1684.

Droit de poids.

L'Adjudicataire jouira pareillement dans les Isles & Terres-fermes de l'Amérique du droit de poids à raison d'un pour cent pesant en espece ou valeur, de toutes les marchandises ou denrées qui y sont sujettes, tant du crû des Isles qui en sortiront, que de celles de France qui seront déchargées aux Isles, con-

C ij

formément à l'Ordonnance du sieur de Baas du 13 Février 1671, & au tarif expédié en conséquence.

Police.

Les Réglemens faits par le sieur de Baas les 3 & 5 Février 1671, *pour as-surer la bonne qualité des sucres & des ta-bacs, seront exécutés, & sera permis à l'Adjudicataire de faire les visites nécessai-res.*

L'Adjudicataire *pourra faire le com-merce pour son compte & en son nom dans l'étendue des Colonies du Domaine d'Oc-cident, & en porter les retours aux lieux qu'il avisera.*

Droit d'ancrage.

Il jouira du droit d'ancrage, *à raison de cinquante livres de poudre à canon en espece sur chaque navire* ou bâtiment ar-mé de canon qui mouillera aux rades des Isles, à l'exception de nos vaisseaux de guerre, suivant l'Ordonnance du sieur de Baas du 13 Février 1671.

Espace de cinquante pas.

Il jouira aussi de l'espace de cinquante pas de Roi dans le circuit des Isles.

Greffes.

Il jouira pareillement des droits de nomination , profits & émolumens des Offices de Greffiers , suivant les Arrêts du Conseil des 28 Mars 1676 , & 18 Juin 1686.

DROITS DU DOMAINE D'OCCIDENT EN FRANCE.

Il jouira de quarante sols par cent pesant de sucre brut , rafiné ou moscouade , indistinctement, venant des Isles de l'Amérique , entrant dans notre Royaume , à l'exception de celui qui entrera dans la Province de Bretagne & dans la ville de Marseille , suivant le résultat du Conseil du 7 Avril 1685.

De cinquante sols par cent pesant de cire & sucre entrant dans la Ville & Banlieue de Rouen , suivant les Arrêts du Conseil des 12 Février 1665 & 7 Avril 1685, sans diminution de quarante sols portés par l'article précédent.

Il jouira en outre du droit de trois pour cent en espece sur les sucres, tabac, indigo, & autres marchandises du cru des Isles & Terres-fermes de l'Amérique entrant dans notre Royaume, jusqu'à ce que l'évaluation en argent en ait été faite en notre Conseil.

De douze livres par cent de sucre rafiné à Nantes, & dix-huit livres par cent de sucre royal & candi entrant par le Bureau d'Ingrande, suivant l'Arrêt du Conseil du 24 Mai 1675.

ANNÉE 1688.

Pour connoître les autres parties des revenus, il est bon d'en donner ici l'état sommaire; ils montoient à cent dix-sept millions sept cent trente-trois mille trois cent soixante & dix-huit livres; les charges & diminutions à trente milllons sept mille sept cent cinq livres; les Parties du Trésor Royal étoient de quatre-vingt sept millions sept cent vingt-cinq mille six cent soixante & treize livres : ainsi les revenus libres depuis M. Colbert étoient déja diminués de sept millions environ. Les dépenses monterent cette année à cent cinq millions neuf cent quinze mille trente-huit livres.

ECAPITULATION DES REVENUS

en 1688.

aine.	6000000 liv.
lle & trente-cinq fols de Brouage.	17500000
groffes Fermes, Convoi de Bordeaux . . . . }	
tes de Languedoc. . . . . }	11800000
, Entrées, Subvention de Rouen & droit de	
Fret en Régie	21000000
lles de Languedoc & Rouffillon.	2500000
lles de Lyonnois	1620000
lles de Provence & Dauphiné.	2080000
s de Verfailles.	110000
s	1400000
-fur-taux & Quarantieme de Lyon	400000
ts de l'Amérique & de Canada	500000
. . . .	1737349
nus cafuels	4064564
es & fecondes Parties	3543219
gratuits.	6491428
tes générales des Pays d'Etats	4494217
tes générales	32492601
	117733378
Charges	30007705
Net	87725673

Le Lecteur, en se rappellant que le marc d'argent n'étoit qu'à vingt-sept livres, que la vente du tabac n'étoit pas évaluée à trois cent mille livres, concevra facilement que diverses branches d'impositions sont diminuées aujourd'hui, & surtout en comparaison du revenu général de la France. Ce n'est pas que le Peuple les sente moins peut-être qu'alors ; mais le contraire auroit dû se passer suivant le cours ordinaire des choses : car il y avoit un tiers d'argent de moins dans le Royaume qu'aujourd'hui ; il y avoit moins d'industrie, moins de Commerce, de Navigation. Enfin, si l'on compte l'augmentation prodigieuse sur le produit du tabac, sur les entrées de la Capitale, celle du prix de toutes les denrées & de quelques-uns des droits, l'accroissement immense des produits sur les Colonies seules, il est clair que soixante-quatre millions environ pour le montant des Fermes générales en 1688 devroient au moins être équivalens à cent vingt millions aujourd'hui, suivant le cours du Commerce ; comme ils le sont à-peu-près valeur intrinseque de la monnoie. Quelles sont les causes de cette différence ? Ce seroit la matiere d'une differtation utile & curieufe, mais qui nous conduiroit trop loin. Contentons-nous d'avertir le Lecteur qu'il verra ces Fermes tomber à quarante-fix millions, les efpeces plus hautes de plus d'un tiers; l'examen des faits & des circonftances aidé de la lumiere des principes, pourra lui être de quelque fecours dans fes réflexions.

On connoîtra évidemment ce qui a été obfervé fi fouvent, que lorfque les impôts forcés augmentent, ceux de confommation baiffent néceffairement; que fi le droit fur les confommations s'accroît au point de les rendre difficiles, alors elles diminuent, & que le vuide de la circulation reflue fur l'impofition forcée, qui baiffe en même tems de produit; de maniere que les diverfes voies de faire contribuer n'operent fouvent qu'une diminution réelle de recette fans aucun foulagement pour les Peuples, déja exténués par leur pauvreté, & obligés de payer les frais & les gains d'une plus grande quantité de Régiffeurs. On concevra que la multiplicité des engagemens publics, les bénéfices énormes accordés aux Traitans & aux gens d'affaires, retirerent de la circulation des Provinces

une grande partie de l'argent dont elles
avoient besoin ; que les denrées s'y avilirent, & que dès-lors la somme de
l'imposition générale sous quelque di-
versité de noms que ses parties fussent
perçues, ne pouvoit rester intrinséquement la même. Le ravage des augmentations de monnoies ajouté à toutes ces
causes donnera la solution entiere du
problème proposé. On exhorte d'avance le Lecteur à suivre le fil de ces évenemens avec l'attention qu'il mérite.

L'Etat avoit plus besoin que jamais
de s'assurer de gros revenus : cette occasion glorieuse pour le Roi, prévûe
par M. Colbert, étoit arrivée ; on commençoit une guerre qui devint bientôt
la plus sérieuse qu'on eût encore éprou-
vée. La France seule contre l'Europe
entiere dans sa force, fit face à ses ennemis sur terre & sur mer ; & finit enfin par conserver ses avantages. Elle
les paya chérement à la vérité par la
situation où ses Peuples se trouverent
réduits pendant un demi-siecle. Mais
on ne peut taire aussi que si la guerre
est toujours un fléau du Ciel, les expédiens qui furent employés pour soutenir celle-ci, rendirent ce châtiment
bien plus rigoureux. Ses préparatifs ar-

rêterent un projet fort beau dans la spé-
culation, mais dont la pratique est su-
jette à tant d'inconvéniens dans un
grand Etat, que l'on a peu de sujet de
la regretter. L'abondance extraordinaire des deux années précédentes fit
songer à établir dans chaque Province
des greniers publics; le Roi créa même
cinq cent mille livres de rente, dont
le capital devoit être appliqué à l'achat
des grains : le vulgaire seul fut ébloui
de ce projet, c'est-à-dire, le plus grand
nombre des hommes : d'autres conçu-
rent le danger de pareils dépôts : ils
font très-coûteux au Prince, soit pour
l'établissement, soit pour l'entretien; la
moindre négligence emporte avec elle
de grandes pertes, & si le Trésor public n'est pas assez riche pour la supporter, l'expédient ordinaire est de la
faire supporter au Peuple. On ne peut
y réussir sans monopole, ce qui dé-
truit l'Agriculture ; & dans un pays où
l'esprit du Fisc avoit prévalu depuis
tant de siecles, les hommes un peu pré-
voyans n'osoient se promettre qu'un
jour il ne s'étendît sur cet objet délicat. On peut encore y trouver un inconvénient plus considérable, c'est l'in-
utilité. Pourquoi faire entrer le Monar-

que dans des dépenses que ſes Sujets
ſont prêts à faire, s'ils en ont la permiſſion? dépenſes que leur concurrence,
ſi elle eſt animée & connue tout-à-la
fois, pouſſera beaucoup plus loin &
avec plus de bénéfice, ſoit pour l'Agriculture, ſoit pour le conſommateur. Si
les Particuliers étoient invités par l'E-
tat à faire des magaſins de bleds, à condition de les faire enregiſtrer, & qu'en
même tems l'exportation fût libre ſuivant des prix réglés, leurs achats ex-
céderoient bientôt ceux que le Gouvernement eſt en état de faire. Si l'objet eſt d'entretenir toujours dans l'Etat
ſous les yeux du Public, une grande
quantité de grains, il ſera rempli. Car
l'eſpérance de le vendre à ſon gré lorſ-
qu'ils renchériront, ſera un motif ſuf-
fiſant pour accréditer la ſpéculation;
en même tems que l'eſpérance de trouver un grand nombre d'acheteurs ſera
un motif pour les Cultivateurs d'accroître leur culture. Si l'on entend que
le pain ſoit toujours à vil prix, l'objet
eſt différent; & il s'y rencontre de
l'impoſſibilité: car le prix du pain dépend de celui des grains; & ſi le prix
des grains ne paye pas leur façon, la
ſubſiſtance, les impôts & le fermage

du laboureur, le labourage doit diminuer & diminuera réellement. De fa diminution naîtra la difette, un furhauffement de prix extraordinaire, une grande cherté du pain.

On ne raifonnera jamais fainement fur ces matieres, ni en fait de Gouvernement, fi l'on ne part de ce principe, que le fonds de la population de la France doit être dans les campagnes. Ce fonds de population fuivra les accroiffemens & le déclin de leur aifance ; & leur aifance a pour mefure le prix des grains. Le prix des grains a pour mefure la concurrence des acheteurs, comme dans toutes les autres denrées ; cette concurrence ne peut être qu'entre des acheteurs nationaux & des acheteurs étrangers. Si la garde des grains eft odieufe & profcrite, les acheteurs étrangers enleveront tout à bas prix, & ne nous laifferont rien : fi les acheteurs étrangers font écartés, la concurrence des acheteurs nationaux fera médiocre, parce qu'ils n'auront point l'efpérance du gain. Ainfi le prix des grains ne peut être proportionné aux charges qu'il doit fatisfaire fans cette double concurrence.

Le Lecteur intelligent me fçaura mauvais gré sans doute de m'appesantir si souvent sur les mêmes détails ; puisse ce reproche être général ! Il nous indiquera les progrès de la Nation.

La Ligue formée en Europe contre la France devenoit formidable de jour en jour : la France en reconnut la force à la confiance avec laquelle les Hollandois défendirent l'entrée de nos vins & de nos eaux-de-vie ; cependant, cette interdiction n'étoit qu'une représaille de la défense de recevoir en France les ouvrages de laine & de fil de la Hollande ; non plus que leurs harengs, à moins qu'ils ne fussent salés avec du sel de France. Si le Tarif de 1667 n'eût jamais été révoqué, la France n'auroit pas eu besoin de cette nouvelle prohibition, & les Hollandois n'eussent vraisemblablement pas été en état de prendre ce parti vigoureux. Tel a été long-tems le sort du Commerce d'être sacrifié à des intérêts plus brillans en apparence ; & son abandon enhardissoit d'autant plus nos ennemis, que par ce moyen, ils s'étoient assurés de notre foiblesse.

Les fonds destinés aux greniers publics furent convertis à l'usage des préparatifs de la guerre, tant sur terre que

fur mer. Au mois de Novembre, il fut
encore créé cinq cent mille livres de
rentes au denier vingt ; ainfi à la fin
de cette année les rentes fur la Ville
montoient au total à onze millions fept
cent mille livres. Cette création de
rentes fut accompagnée de celle de
quatre Receveurs, Payeurs & Contrôleurs anciens & alternatifs des nouvelles rentes, & d'une attribution de
gages à tous les autres. On traita des
Offices vacans aux revenus cafuels
avec les Receveurs généraux : le premier réfultat fut de cinq cent mille livres ; le fecond de quatre cent trente-
fix mille livres ; un troifieme en Février 1689 de cinq cent mille livres à
la remife de deux fols en dehors &
deux fols en dedans, avec les jouiffan-
ces en attendant le placement ; ainfi il
eft impoffible d'évaluer le gain des Traitans : mais le produit net au Roi fur les
quatorze cent trente-fix mille livres fut
de onze cent quarante-huit mille livres.

Les Fermiers du Bail de Martin Du-
frefnoy furent condamnés à rappor-
ter fix cent vingt-quatre mille livres.

DEPENSES générales du Roi depuis 1684 jufqu'en 168

	1684.	1685.	1686.	1687.	1688
	liv.	liv.	liv.	liv.	
e la Maifon du Roi	543566	606999	561611	563227	5576
ax Deniers.	1986325	1618042	1579496	1692000	16010
irs	1091982	2274253	1413417	1023287	6838
evaux	350694	400850	347308	353232	3444
	12000	12000	12000	12000	120
t Aumônes.	1184697	1045958	779408	769843	7264
l'Hôtel.	159708	313028	328253	362966	3150
Corps.	61050	61050	61050	61050	610
	185333	188988	183448	185461	1851
Fauconnerie	48038	49038	49038	49038	500
	360886	354638	365263	406597	3352
Monfieur	34293	34293	34293	34293	342
Madame	1258888	1230000	1067825	1010000	10492
s	264000	252000	252000	252000	2520
Madame la Dauphine.	160490	160437	225871	226562	2368
our lefquelles il n'a point été expédié d'ordonnances...	1115140	1037399	1089760	1059372	10745
lu Roi	......	......	137232	1177020	4713
	2014000	2186748	3029716	1991414	19965
es	8048141	15340901	7916745	7757438	69865
ire des guerres.	296068	236504	229484	211576	2600
	39443730	35445019	35314314	35518162	444533
s aux Troupes	2316424	2380529	2281194	2304346	22802
	1439935	1081574	1175924	1203900	13133
	......		16825	6420	318
	7304953	6910184	6319747	6525620	72868
s.	2835140	2756913	2810571	2887687	28784
	6427208	6785873	5222696	7101611	119930
	727550	743667	694206	685206	6757
	59270	50955	140210	146517	1959
onfeil	1452839	1704913	2778663	2735129	27513
de France	2076781	2133312	2126994	2139212	21283
ns par comptant	572606	614706	595272	573081	5594
ctes.	2747886	3541557	4046595	4824183	35804
ns	4681064	2361134	1149499	1334500	27103
auffées.	227700	241450	216700	211800	2080
is	312240	898990	1071803	1195811	7627
des Indes	43458	24595	53666	53666	536
nens, Intérêts d'avances & Remifes.	......	130749	......	67697	117
s & Deniers payés par ordonnances	6042199	4308894	5470776	2748300	32303
s de comptant pour le payement des Certifications...	627519	199131	266169	294338	2709
	519226	558236	542345	......	10677
s & Brigades des environs	......	106160	278560	65112	.....
rentes	......	88350	95817	77813	585
	......	114670	116175	116731	1197
	1234290	51570	83452	72950	595
	154647109	100640257	92531391	92088228	1059150

ANNÉE 1689.

Ces petites reffources n'étoient qu'un prélude : la guerre devint générale en 1689, & l'on ne parla plus que de combats ou de reffources de Finance.

M. le Pelletier avoit fenti que les affaires ne prenoient point une bonne tournure; & regardant la difficulté des circonftances au-deffus de fes forces, il demanda la permiffion de fe retirer.

Ce n'eft pas que fon adminiftration ne préfente plufieurs belles parties. Il connut l'ordre ; il remonta vers les grandes fources de la Finance : mais il manqua de ce nerf qui donne de l'ame aux opérations, qui en affure le fuccès. Il prit le timon dans un tems difficile, l'orage furvint & le troubla : après avoir fait une fauffe route, defefpérant de retrouver le Port, il abandonna la conduite du Vaiffeau à ceux qui fe crurent plus habiles.

Voici l'état des dépenfes faites pendant fon miniftere, réuni en une feule table; elles montent à . . . . 545822023 liv.

Les parties du Tréfor Royal, depuis 1684, for-

liv.

De l'autre part... 545822023

ment une somme de 463529152

82292871

Il emprunta 66600000

En affaires extraordi-
naires ou confommations
d'avance 15692871

ANNÉE 1689.

Il étoit mal-aifé d'entreprendre le maniment des Finances dans une circonftance plus critique. Il falloit agir ; la
méditation la plus profonde, foutenue
d'une grande facilité de reffources,
fuffifoit à peine pour éviter le defordre. M. de Pontchartrain trouva dans
fon zele & dans fon attachement à la
perfonne du Prince, des motifs d'efpérer plus de fuccès que fon Prédé-
ceffeur. Voyons quels expédiens il employa.

Quelques-uns ne coûterent point de
remife , mais il y en eut très-peu qui
ne fuffent une charge perpétuelle fur
les Peuples, ou une fource de troubles
de la part des Traitans. On ne s'étendra pas davantage fur cet article, parce
que

que les objets ont pour la plupart déja
passé sous nos yeux. Comme plusieurs
des traités ont eu différens résultats
d'année en année, ils seront réunis afin
d'éviter la confusion.

Cette année commença le traité des
amortissemens & nouveaux acquêts.
Les huit résultats jusqu'au mois d'Octobre 1693 monterent à 18200000 liv.
à la remise du sixié-
me & de deux sols
pour livre en dehors ;
produit net 15166666 13 4

Vente & revente
des Offices des Rece-
veurs des Consigna-
tions & Commissaires
aux saisies-réelles ; le
résultat de 2600000
liv. net 2166666 13 4

Offices de tiers Ré-
férendaires, Taxa-
teurs & Calculateurs
de dépens, Offices
créés au Présidial du
Puy en 1689, 1691,
1694, résultat de
2390000 liv. net. . . 1676566 13 4
_____
19009900 0 0

	liv.	f.	d.
De l'autre part	19009900	o	o
Offices de Greffiers en chef dans chacun des Préfidiaux & Bailliages du Royaume : réfultat 1898986 liv. net.	1582488	6	8
Offices de Receveurs des deniers communs & d'octroi en chaque Election. Le recouvrement en fut fait fans remife par les Receveurs généraux, l'intérêt de leurs avances au denier dix-huit.	1510541		
Mêmes Offices en Bretagne en traité : téfultat 360000 liv. net.	300000		
Augmentations de gages de 300000 liv. aux Officiers des Elections & Greniers à fel, & vente de plufiéurs Offices créés dans les Elections &			
	22402929	6	8

	liv.	s.	d.
De l'autre part 22402929		6	8

Greniers à sel ; Finance de 6372340 liv. dont les Receveurs généraux firent le recouvrement à la remise des deux sols pour livre avec la jouissance des gages.. 5735106

Augmentation de gages de cent quarante mille livres aux Officiers des Présidiaux, & vente des Offices de Conseiller honoraire : la Finance de 2518200 liv. à la remise de deux sols pour livre avec la jouissance des gages.. 2266380

Banquiers expéditionnaires en Cour de Rome en 1689 & 1691.......... 520000

Huit Charges de Maîtres des Requêtes à 190000 liv. chacune & aux gages de

30924415		6	8

	liv.	f.	d.
De l'autre part.	30924415	6	8
1300 liv.	1520000		

Deux Charges de Garde du Tréfor Royal aux gages de 40000 liv. de rente chacune. 1600000

Deux Charges de Receveurs des reve-nus cafuels aux ga-ges de 20000 liv. de rente chacune. . . . 800000

Deux Charges de Commis, Gardes des regiftres du Contrôle général des Finances aux gages de 3000 liv. chacune. 120000

Seize Charges de Grands-Maîtres des Eaux & Forêts aux gages de 98000. liv. repartis entre eux par portions inégales. . . 1960000

Deux Charges de Payeurs des gages en chaque Bureau des Finances aux gages

	36924415	6	8

liv. s. d.

De l'autre part. 36924415 6 8
de 8000 liv. en tout.. 102200

600000 liv. de ga-
ges héréditaires au
denier dix-huit, dans
toutes les Cours du
Royaume, à la re-
mise de deux sols pour
livre. 9720000

Deux augmenta-
tions sur le prix du
sel de trente sols cha-
cune par minot dans
les pays de grande
Gabelle, & de vingt
sols dans les Gabelles
de Provence, Dau-
phiné & Languedoc.. 2000000

Les droits de jauge
& de courtage aban-
donnés au Fermier des
Aides pour 1800000
liv. à condition de
compter du surplus... 1800000

Total 50546615 6 8

Il fut créé au mois
de Juin cinq cent mille
livres de rentes Pro-
vinciales au denier

	liv.	f.	d.
De l'autre part.	50546615	8	6

dix-huit fur les recettes générales & les Domaines.   9000000

Au mois de Novembre il fut créé douze cent mille livres de rentes fur les Aides & Gabelles au denier dix-huit. . . . 21600000

Il fut permis aux acquéreurs des deux dernieres créations au denier vingt, de les convertir au denier dix-huit, en payant un fupplément de 16000 liv. par 20000 livres.

On ouvrit une Tontine de 1400000 liv. de rentes. 14000000

Total général 95146615   6 8

Si de cette fomme on déduit quarante millions environ, foit pour les réfultats poftérieurs des Traités, foit pour les deux dernieres créations de rentes qui ne peuvent être regardées que

comme des fonds faits pour l'année fuivante, on trouvera que la dépenfe extraordinaire de 1689 avoit monté à
quarante millions environ ; fur cette
fomme environ trente-trois millions
avoient été levés en créations de gages, de Charges & de rentes, dont le
Peuple fe trouvoit débiteur à perpétuité ; dont il falloit tous les ans préle-
ver le montant fur les revenus publics,
ou ajouter le montant aux autres impofitions.

N'étoit-il pas plus convenable aux
intérêts de tous les Ordres de l'Etat de
diftribuer ces trente-trois millions en
diverfes augmentations fur les diverfes branches d'impôt ? Un dixieme fur
tous les biens, une augmentation fur
les entrées, un impôt fur certaines
confommations de luxe ; une capitation fur les riches, fi l'on veut, quelque augmentation fur les Tailles, auroient produit à l'Etat les mêmes fecours. La réunion des droits de Courtage & de Jaugeage au Bail des Fermes,
étoit un excellent exemple de la méthode convenable en pareil cas. Le
crédit de l'Etat fe réfervoit entier pour
quelque grande extrémité ; les gens
d'affaires ne fe fuffent point accoutu-

més à ces remises énormes du sixieme
& des deux sols pour livre en-dehors,
qui depuis augmenteront encore : enfin le besoin passé, les Peuples pouvoient se flatter de respirer. On y vint
ensuite à ces moyens, mais ce ne fut
pas pour satisfaire aux dépenses extraordinaires ; c'étoit pour payer les
arrérages des engagemens contractés
précédemment. Les Sujets furent chargés de nouvelles impositions, mais
pour toujours ; l'Etat ne fut pas plus
riche, & chaque année les dépenses
extraordinaires forcerent d'ajouter aux
nouveaux impôts de nouvelles créations. Plus on avançoit dans cette route
périlleuse, moins il devenoit possible
de s'en retirer : peut-être l'étoit-il,
mais ces opérations sont en général au-
dessus des spheres ordinaires. On fut
donc forcé de se précipiter dans l'abî-
me, parce que le premier pas de l'administration avoit été imprudent.

On prie le Lecteur de graver bien
profondément cette réflexion dans son
esprit, afin d'examiner les progressions
du mal : la plus legere attention lui découvrira dans un jour très-clair cette
importante vérité. Des Peuples ména-
gés pendant la paix sont toujours assez
aisés

aisés pour répondre pendant quelque tems à ces occasions extraordinaires ; sur-tout si l'on a soin de faire tomber principalement les nouvelles charges sur les classes qui contribuent d'ordinaire le moins, quoique les plus riches. Alors la Marine de la France étoit plus brillante qu'elle n'eût jamais été. Son Commerce protégé par de puissantes Escadres pouvoit entretenir ses richesses & couvrir la mer de Corsaires.

Les revenus de cette année, suivant la récapitulation, étoient de cent trente-six millions huit cent-sept mille cinq cent dix-huit livres ; les charges de trente-un millions cinq cent dix-sept mille quatre cent quatre-vingt livres ; les parties du Trésor Royal de cent-cinq millions deux cent quatre-vingt-dix mille trente-huit livres.

RECAPITULATION des Revenus en 1689.

Fermes générales	63416666 liv.
Autres Fermes	2750000
Recettes générales des Pays d'Elections	32656577
Idem. Des Pays d'Etats	4529574
Dons gratuits	10198928
Bois	2099454
Etapes & secondes Parties	3544526
Revenus casuels	17611793
	13680751:8
Charges	31517480
Net	105299038

Ainſi les charges depuis 1682 avoient augmenté de huit millions en déduction des revenus. Nous les verrons ainſi s'accroître d'année en année.

Il faut remarquer que dans l'état des revenus, les Parties caſuelles étoient montées d'environ quinze millions, à raiſon des affaires extraordinaires, de maniere que les parties de revenu ordinaire ne montoient qu'à cent vingt-un millions environ.

Loin de combiner le préſent avec l'avenir, on porta nos malheurs à leur comble. Une réforme fut ordonnée ſur les Monnoyes, & elles furent augmentées d'un dixieme au bénéfice du Roi ; c'eſt-à-dire, que le marc d'argent monnoyé fut porté à vingt-neuf livres quatorze ſols, de vingt-ſix livres quinze ſols qu'il étoit. Les écus de la même marque, de même poids & titre que les anciens, furent évalués à trois livres ſix ſols, au lieu de trois livres. Les écus vieux du même poids & du même titre furent évalués juſqu'au décri à trois livres deux ſols. L'auteur de cette fatale opération fut ſans doute un Traitant, qui n'examina que le gain apparent, ſans jetter l'œil ſur l'avenir & ſur la ruine des Sujets. Le Miniſtre trop

crédule se hâta de décider sur une matiere qu'il n'entendoit point. Le profit
étoit séduisant : nous avions alors au
moins cinq cent millions d'especes ;
ainsi le bénéfice du Roi paroissoit devoir être à-peu-près de cinquante millions. Mais l'effet ne répondit point à
ces dehors trompeurs ; une défiance
très-naturelle resserra l'argent de toutes
parts : le profit de la réforme, ajouté
à celui de cinq sols qui se faisoit auparavant dans les Monnoyes sur la fabrication de chaque marc d'especes, à raison des remedes, tenta les faux-Monnoyeurs & les Etrangers. La guerre, à
la vérité & la nouveauté de l'opération, empêcherent pour cette fois la
Hollande d'y profiter beaucoup ; mais
en Suisse & en Allemagne le billonage
n'avoit point d'obstacles : ainsi le Ministre fut privé d'une partie du bénéfice
qu'il espéroit. Par une nouvelle faute
on laissoit encore un autre motif de billonage : on se souvient du ravage qu'a-
voient causé en 1675 les pieces de quatre sols, en portant l'argent à trente
livres le marc, tandis que les autres
especes d'argent, plus fortes de loi,
n'étoient qu'à vingt-six livres quinze
sols. Depuis on les réduisit à trois sols

fix deniers, & le marc dans la proportion fe trouvoit évalué à vingt-huit livres cinq fols.

On oublia en 1689 de les compren-
dre dans la réforme, de façon qu'en
écus le marc d'argent étoit à vingt-neuf
livres quatorze fols, & en pieces de
quatre fols il étoit de vingt-huit livres
cinq fols ; il y avoit donc un bénéfice
clair de vingt-neuf fols à recevoir plûtôt des pieces de trois fols fix deniers
que des écus de trois livres fix fols, &
réciproquement à payer en écus plûtôt
qu'en pieces de trois fols fix deniers.
Par la même raifon les pieces de trois
fols fix deniers devoient paffer dans l'é-
tranger pour être converties en écus de
trois livres fix fols.

On fent combien le capital de la Nation en efpeces devoit fouffrir de diminution par ce billonage & ce tranfport
d'efpeces. Dans quel tems encore !
Dans le moment où l'on augmentoit les
impôts ; où la circulation ordinaire du
Commerce recevoit quelque altération
par la guerre ; où le nombre des em-
prunteurs augmentoit à raifon des fournitures, des traités. Faut-il s'étonner,
après tant de révolutions des Monnoyes, que l'intérêt ait été fi cher fous

ce regne , & qu'il fe foit foutenu fi long-
tems fur le même pied , malgré l'augmentation des richeffes ?

Suivons jufqu'au bout les effets de
ce defordre : le Prince perdit fur tout
ce qui lui étoit dû par les Peuples, puifqu'il ne reçut pas la valeur intrinfeque
fur laquelle les impofitions avoient été
réglées. Le tems de guerre cependant
eft un tems de dépenfes extérieures , &
les étrangers ne reçoivent qu'en poids
& en titre.

Mais au contraire ils payent fuivant
la valeur numéraire des Etats où ils doivent ; ainfi tout ce que les Négocians
étrangers devoient aux Négocians François fut payé à ceux-ci fur le pied de
vingt - neuf livres quatorze fols par
marc , & tout ce que les François devoient aux Etrangers fut payé fur l'ancien pied. De façon que fi avant la réforme les Etrangers devoient onze millions à la France , & la France aux
Etrangers feulement dix millions , on
fe trouveroit quitte de part & d'autre.
Enfin fi la dette de dix millions eût été
réciproque , la France fe feroit trouvée
débitrice d'un million.

Ce n'étoit pas en renverfant les fortunes des Commerçans , en portant la

crainte & la défiance entre les Citoyens,
qu'il étoit possible de conserver son
Commerce, la seule ressource capable
de ramener l'argent dépensé au dehors
pour les frais de la guerre.

Le Royaume eût encore trop gagné,
si en perdant cent millions sans la moindre utilité, cette expérience eût au
moins apporté quelque instruction ; mais
le voile n'est tombé que depuis 1726.
Il resteroit une infinité de choses à dire
sur cette matiere, si nous n'avions l'excellent ouvrage de M. Dutot, auquel
doivent recourir ceux qui veulent s'ins-
truire davantage sur cette partie ; car
hors de la combinaison des changes &
des maximes générales du Commerce,
ses décisions ne sont pas toujours sûres.

L'Edit de la réforme des Monnoies
avoit eté précédé d'un autre qui ordonnoit de porter aux Hôtels des Monnoies
toutes les pieces d'argenterie qui excé-
deroient le poids d'une once ; le Prince
donna l'exemple & envoya une partie
de la sienne à la refonte ; suivant le pro-
cés-verbal de la Cour des Monnoyes
du 9 Décembre, il fut fondu quatre-
vingt-huit mille trois cent vingt-deux
marcs cinq onces, qui, suivant les essais
& le tarif arrêté par ladite Cour, pro-

duisirent en especes deux millions cinq
cent cinq mille six cent trente-sept livres quatre sols neuf deniers.

ANNÉE 1690.

Voyons les fonds extra-
ordinaires de l'année 1690.

Rétablissement des Offi-
ces des Secrétaires, Greffiers, des Communautés
du Dauphiné ; de Procu-
reurs du Roi du Consul &
Echevinage des Villes de
la Provence, & des taxes
faites sur les possesseurs des
héritages affranchis de la
Taille. Les résultats de-
puis 1690 jusqu'en 1698
furent de 375800 liv. produit net .   .   .   .   .

	liv.	f.	d.
	313166	13	4

Jurés Crieurs d'enterre-
mens dans les Villes où il
y a Présidial & Election.
Les résultats depuis 1690
jusqu'en 1694 800000 liv.

666666	13	4

Offices d'Experts Jurés
& Greffiers de l'Ecritoire,
d'Experts Priseurs Jurés

979833	6	8

	liv.	f.	d.
De l'autre part...	979833	6	8

des droits utiles de la petite Voierie. Les réfultats jufqu'en 1697 monterent à 3242000 liv. produit net. 2701666 13 4

Offices, de Procureurs du Roi & Greffiers des Hôtels-de-Ville, & de l'hérédité attribuée aux Notaires, Procureurs & Huiffiers. Les réfultats jufqu'en 1696 monterent à 7020000 livres, net . . . 5850000

Greffiers des Rôles des Tailles en chaque Ville, Bourg & Paroiffe avec attribution de trois deniers pour livre. Le réfultat fut de 5203958. Les Receveurs Généraux en firent le recouvrement à la remife de trois fols pour livre avec la jouiffance des droits, net. . . . 4423364 6

Greffiers Repartiffeurs des Tailles en Languedoc. Le réfultat de 1000000 livres, net. 900000

14854864 6 0

	liv.	s.	d.
De l'autre part..	14854864	6	0
Gages héréditaires aux Officiers des Greniers à sel , 617500 livres , net .	517095		
Cinquante mille livres de gages héréditaires aux Officiers de Chancelleries.	900000		
Soixante mille livres de gages aux Officiers des Greniers à sel & des Présidiaux créés en 1689. .	1080000		
Création de Charges à la Chambre des Comptes.	2830000		
Création de Charges au Parlement de Paris. . . .	3050000		
Quatre Intendans des Finances avec vingt mille livres de gages. . . .	1600000		
	24831959	6	

Nouvelles Fermes.

Droits nouveaux de huit liv. par bœuf, cinquante sols par vache, huit sols par mouton, entrant dans Paris, affermés par

liv. ſ.

De l'autre part.. 24831959 G

an ſ00000

Marque des Cha-
peaux, qui fut ſup-
primée en 1701,
lorſque le Commer-
ce en fut abſolument o
tombé , affermée
pendant les deux
premieres années... 100000

Fermes des droits
ſur le Caffé. 30000

Ferme des Suifs... 600000

Ferme du Poids-
le-Roi à Paris.. . . 37500

Ferme du Contrô-
le des Actes des
Notaires : 450000

Ferme des droits
des Ecrivains à la
peau du Parlement
de Bordeaux. . . . 120000

Ferme des droits
au Parlement de
Touloufe. 5000

} 1942500

26774459 G

Don gratuit du Clergé,
dont quatre millions pour
être levés ſur les Bénéfi-
ciers ; cinq millions cinq
cent mille livres par em-
prunts au denier dix-huit.
Sur les quatre millions, le

De l'autre part... 26774459 6

Roi accorda fix deniers pour livre de remife aux Receveurs des Décimes, & augmenta leurs gages de quarante mille livres, en payant finance de deux millions cinq cent mille livres.

Sur les cinq millions cinq cent mille livres reftant de la levée fur le Clergé, & fur les deux millions cinq cent mille livres dûes par les Receveurs des Décimes, le Roi accorda au Receveur général du Clergé deux cent quarante mille livres de remife, à condition de payer le furplus en fix payemens égaux de fix mois en fix mois, net. 11660000

38434459 6

Pour l'obferver en paffant, le fyftême des emprunts ayant été admis d'ancienneté dans les affaires temporelles du Clergé, il s'eft trouvé à la longue dans les mêmes détreffes que l'Etat, &

dans l'impossibilité d'écouter son zele
pour la gloire & la sûreté publique. Il
est vrai cependant qu'il n'a jamais eu
la permission d'emprunter que le terme
du remboursement n'ait été fixé.

Remarquons aussi que des vingt-quatre millions de créations de Charges ou
d'augmentations de gages, il y en a environ douze qui ne rentrerent pas dans
l'année même, ou qui doivent être im-
putés sur les résultats postérieurs. Le
surplus pouvoit à peine payer les augmentations de charges sur l'Etat faites
par M. Colbert. Par conséquent, si ces
charges n'eussent point existé, on eût
épargné encore celle-ci qui les aggra-
voit ; les revenus publics eussent suffi à
la dépense extraordinaire ; le Peuple
auroit pû être soulagé à la paix.

Le Roi voulut réunir à son Domaine
les droits de sol & six deniers pour livre attribués aux Offices de Marqueurs
de cuirs ; mais cette utile opération
n'eut point lieu, parce que les Engagistes eurent le crédit de se faire confirmer dans la jouissance de cet impôt
extrêmement lucratif pour eux, quoique mal régi ; en le diminuant même il
eût été facile d'en faire une branche de
revenu assez considérable sans être oné-

reçue au Peuple, au lieu d'enrichir quelques familles. En 1703 le droit fut accru d'un quart en sus, en faveur d'une augmentation de gages. En 1719 la liquidation de la finance & du produit des droits en fut ordonnée ; mais le Gouvernement eut encore la complaisance de laisser subsister l'abus ; seulement le droit fut restreint à quatre deniers. Il est plus que probable que le capital de cette aliénation a rentré au moins quarante fois aux Engagistes ; les personnes au fait de cette partie l'évaluent à deux millions de revenu, quoique le droit ne se perçoive pas dans toutes les Provinces.

Il a été observé que la Ferme de la marque des chapeaux en avoit fait absolument tomber la fabrique ; mais il faut ajoûter que cette idée de marque étoit la suite d'un Réglement de Manufacture renouvellé en 1699 & en 1700. Il défendoit tout mélange de Vigogne avec le Castor ; secret admirable pour avoir des chapeaux mols, & incapables de résister à la moindre humidité. On poussa même la manie jusqu'à ordonner qu'il n'en seroit fait que de deux qualités ; & en 1701 on fut fort surpris de recevoir des chapeaux d'Angleterre, au lieu d'y en envoyer de grandes quantités comme autrefois.

Les revenus de cette année 1690, suivant la récapitulation, furent de cent quarante-un million cent quarante-cinq mille trois cent soixante & douze livres ; les charges de trente - quatre millions cinq cent deux mille trois cent quatre-vingt sept livres ; ainsi les revenus se trouvoient chargés à perpétuité de plus qu'en 1681, de onze millions, & de trois de plus qu'en 1689. Dans cet état des revenus il se trouve environ quatorze millions, tant sur les Monnoies que sur les Parties casuelles & le Clergé ; ce qui réduit les revenus ordinaires à cent vingt-sept millions.

RÉCAPITULATION des Revenus en 1690.

ANNÉE

Fermes générales.	64904302 liv.
Autres Fermes	5071905
Recettes générales des Pays d'Élections.	35605217
Idem. Des Pays d'États	4546201
Dons gratuits des Pays d'États	8319372
Don gratuit du Clergé	4000000
Bois	1853425
Revenus casuels.	8235859
Monnoie	4993637
Étapes & secondes parties	3615474
	141145374
Charges	34502387
Net	106642985

ANNÉE 1691.

Reprenons le cours des moyens extraordinaires de l'année suivante. On mit la connoissance des étoffes & l'art de la fabriquation en Charges. Les Artisans furent partagés en quatre classes; & le droit domanial, pour avoir la permission de ne pas mendier, fut réglé à leur réception dans les bourgs clos de quinze à trois livres; dans les Villes où il y a Présidial, de vingt à quatre livres; dans les Villes où il y a Cour Souveraine, de trente à six livres; à Paris, de quarante à dix livres. On créa en outre des Offices de Maîtres & Gardes des Corps des Marchands, & de Jurés Syndics des Arts & Métiers dans toutes les Villes & Bourgs du Royaume; le résultat général de 1691 à 1694, fut de 3780000 liv. net... 3150000

Offices de Receveurs des Epices & Amendes dans toutes les Jurisdictions; de Contrôleurs, Vérificateurs, Rapporteurs des défauts, & Con-

Tome IV.   F

liv. ſ. d.

De l'autre part. 3150000
trôleurs des Exploits,
Francs-fiefs & Francs-
aleux. Le réſultat gé-
néral juſqu'en 1695
fut de 13460000 liv.
net 10105266 13 4

Offices d'Ecrivains
à la Peau; le réſultat
de 600000 liv. net. .. 500000

Offices de Cheva-
lier d'honneur dans
les Préſidiaux de 1691
à 1694, réſultats de
650075 liv. net 542297 10

Election à Saint Lo
& Offices au Parle-
ment de Rouen juſ-
qu'en 1694; réſultat
300000 liv. net 250000

Election à Pon-
toiſe 170000

Tréſoriers des Com-
munautés en Proven-
ce & Terres adjacen-
tes, réſultat 2811434
liv. net 2342861 8

Augmentation de
_____
17060425 11 4

liv. f. d.

De l'autre part. 17060425 11 4

treize fols dix deniers
par chaque minot de
fel, en faveur de di-
vers Officiers des Gre-
niers à Sel; Offices de
Payeurs des gages &
augmentations de ga-
ges; réfultat 5914552
liv. net   5128793   6 8

Soixante Offices
de Secrétaires du Roi
jufqu'en 1694; réful-
tat 6050000 livres,
net   4880000

Taxe fur les Mai-
res & Echevins des
Villes, jouiffant des
Priviléges de la No-
bleffe, excepté ceux
de Lyon; réfultat de
800000 liv. net 666666 13 4

Offices nouveaux
en divers Tribunaux
d'Amirauté & aug-
mentation de gages
aux anciens: le réful-
tat 608230 liv. net . . .   532201   5
                          _____
                           28268086 16 4

liv. f. d.

De l'autre part. 28268086 16 4

Premiers Préſidens ès bureaux des Finances à l'exception de Paris & Tours ; augmentation de gages aux Officiers des Chancelleries ; réſultats en 1691 & 1692 de 2330000 livres, net   2100000

Courtiers de vin & Commiſſionnaires dans les Provinces ; réſultats de 1691, 1693, de 2500000 livres, net 2083333 6 8

Taxe ſur les Maires & Echevins de la Ville de Lyon jouiſſans de la Nobleſſe ; Traité ſur les lanternes de cette Ville ; réſultats de 1691 & 1695 de 840000 liv. net   700000

Pourvoyeurs, Vendeurs d'huitres à l'é-

————————————
33151420 3 0

liv. f. d.

De l'autre part. 33151420 3 0

caille dans la Ville de Paris, à la fuite de la Cour & en Normandie ; réfultats de 150000 liv. 125000

Finance payée par les Notaires réfervés de la Ville de Lyon, 144000 liv. net 120000

Union de la Chambre des Comptes de Navarre au Parlement de Pau, & Offices créés audit Parlement ; réfultat de 600000 liv. net 540000

Débets de comptables ; le réfultat étoit de 3500000 livres à la remife de 525000 livres, cependant il ne rendit jufqu'en 1699 que 1800000

Greffiers des Baptêmes, Mariages & Sépultures ; Greffiers des Infinuations, No-

35736420 3 0

liv.　f.　d.

De l'autre part.　35736420　3

taires Apostoliques, Œconomes, Sequestres & Greffiers des Domaines & gens de main-morte, Maires-Commissionnaires Assesseurs des Hôtels-de-Ville, & divers Offices en Franche-Comté; les résultats de 1691 & 1692 de 17294739 liv. net...　14412281　10

Finance de trois deniers de taxations héréditaires attribuées aux Receveurs Généraux des Finances & Receveurs des Tailles, montant à 4053634 livres, dont les Receveurs Généraux firent le recouvrement à la remise de 608045 liv. 2 sols. net.........　3445588　18

Cent Charges de Barbiers-Perruquiers

53594291　11

	liv.	f.	d.
De l'autre part.	53594291	11	
à Paris : le réfultat de 300000 liv. . . .	300000		
Offices au Grand-Confeil	1680000		
Augmentation de Finance d'Offices de la Cour des Aides . . .	960000		
Offices d'Effayeurs & Contrôleurs d'é-tain ; de Barbiers & Perruquiers des Pro-vinces : les réfultats de 1691 & 1693 de 1400000 liv. net . . .	1026666	13	4
Garde des ancien-nes minutes du Con-feil des Finances & Commiffions extraor-dinaires aux gages de 6000 liv.	100000		
Offices de Tréfo-riers de la Marine , des Gabelles & des Fortifications	3530000		
Cinq cent mille li-vres d'augmentations de gages aux Payeurs			
	61190958	4	4

	liv.	c.	d.
De l'autre part.	61190958	4	4
des Rentes 9000000 liv. net	8100000		
Création d'un million de rentes au denier dix-huit sur les Gabelles	18000000		
	87290958	4	4

Toute cette fomme, à l'exception de quinze millions environ, augmentoit, comme l'on voit, à perpétuité les charges annuelles de l'Etat de quatre à cinq millions. Car quoique le payement des traités fe fît à des termes affez longs, de façon que la moitié de cette fomme ne rentrât pas à beaucoup près dans l'année; les Traitans ne laiffoient pas d'avoir la jouiffance des droits & gages attribués aux divers Offices.

Entre les defordres qui fe gliffèrent alors dans la diftribution des Finances, celui de la tenue des livres des Comptables devint un des plus ruineux pour le Prince & pour l'Etat. La forme des Journaux fi foigneufement établie par M. Colbert fut négligée; l'obfcurité s'y mit : les Receveurs firent valoir à gros interêts

intérêts l'argent de leur Caiſſe ; & ce
fut le Prince même qui les paya, parce
que la rentrée des parties du Tréſor
Royal ne ſe faiſoit plus avec exactitude. La circonſtance de la guerre aida le
Miniſtre à croire ce que les Receveurs
avoient intérêt qu'il crût ; c'eſt-à-dire,
que les recouvremens languiſſoient à
cauſe de la miſere : ils ne furent cependant jamais ſi durs : la même inat-
tention avec les Tréſoriers accumula
les débets à un point exceſſif ; on parvint à les regarder indécemment dans
le Commerce, comme un droit attaché à la Charge. Les ſuites de cette
faute eſſentielle ont peut - être coûté
trois cent millions à l'Etat pendant le
reſte de ce Regne.

Pour placer plus ſûrement la nouvelle conſtitution de rentes qu'on venoit de faire, & celles que l'on méditoit pour la ſuite, il fut ordonné à tous
ceux qui avoient acheté des biens Ec-
cléſiaſtiques à charge de remplacement,
d'en porter la valeur à l'Hôtel-de-Ville
pour la convertir en rentes. On ne peut
nier du moins que ce ne fût tirer un
bien du mal.

Pendant que l'induſtrie des Traitans
étoit en mouvement en France, celle

des habitans de nos Colonies s'appli-
qua à la culture du coton, pour fe dédommager de la contrainte qu'on avoit
apportée à celle des fucres. Le Gouvernement, pour favorifer cette nouvelle branche, qui pouvoit devenir un
jour de grande importance, augmenta
les droits de vingt livres par quintal
fur les cotons venant des Pays-Bas, &
régla à 30 fols par quintal les droits fur
les cotons de nos Colonies.

En cette année, on s'avifa enfin de
réformer les pieces de trois fols fix deniers, & de les porter à quatre fols.

Voici la récapitulation des revenus,
qui furent cette année de cent cinquante-deux millions huit cent quarante-
trois mille cinq cent quarante-fept
livres; les charges de quarante-mil-
lions cinq cent quatre-vingt-douze mille trois cent vingt livres.

RÉCAPITULATION *des Revenus en* 1691.

Fermes générales à cause de l'augmentation du sel.	6960714 liv.
Autres Fermes	3719117
Recettes générales des Pays d'Elections.	3556808
Recettes générales des Pays d'Etats	4634088
Dons gratuits des Pays d'Etats.	10751428
Bois.	1856302
Revenus casuels	14108398
Monnoie	8947109
Etapes & secondes Parties	3651879
	52843537
Charges	40592210
Net.	11151127

G ij

Voilà donc déja les Peuples chargés à perpétuité de dix-fept millions environ de plus qu'en 1683. Sur cette fomme de cent cinquante-deux millions, il y en avoit environ vingt en parties extraordinaires ; ainfi les revenus ordinaires n'étoient que de cent trentedeux millions environ.

Année 1692.

Le Plan des Finances continua en 1692 fur le même pied.

	liv.	f.	d.
Offices de Médecins & Chirurgiens ; réfultat de 750000 livres, net	625000		
Greffiers Confervateurs des minutes des Chancelleries ; réfultat de 635539 livres, net	529615	16	8
Receveurs des Confignations & autres Offices en Flandre ; Offices au Parlement de Tournay ; réfultat de 1692 à 1694 de 2800000 livres,			
	1154615	16	8

liv. f. d.

De l'autre part.   1154615 16 8

net   2333333   6 8

Commiſſaires &
Contrôleurs des guer-
res ; réſultat de . . . .
8279200 liv. net . . .   7027320

Augmentations de
Gages   héréditaires
aux Officiers des Ma-
réchauſſées ; réſultat
de 1326987 livres,
net   1194288   6

Quarante-ſix Cour-
tiers de vente de Meu-
bles & Immeubles à
Marſeille ; réſultat de
161000 livres, net...   145100

Etabliſſement d'un
Bureau des Finances
à Lille ; réſultat de
515625 livres, net...   429687 10

Maîtres & Com-
pagnons Tireurs d'or
à Lyon ; réſultat . . . .
60000 livres, net . . .   57000

Tréſoriers , Rece-
veurs particuliers des
Tailles, Auditeurs des

_____

12341344 19 4

	liv.	f.	d.
	12341344	19	4

Comptes & Perequa-
teurs en Dauphiné ;
les réfultats jufqu'en
1697 de 2420000 liv.
net 2016666 13 4

   Offices de la Cham-
bre des Comptes de
Nantes ; réfultats de
3520000 liv. net ...   316800

   Courtiers, Procu-
reurs poftulans & au-
tres Offices à Lyon ;
réfultat de 360000
livres, net   324000

   Lettres de réhabi-
litation & maintenue
de Nobleffe ; réfultats
jufqu'en 1696 de
820000 liv. net 683333 6 8

   Taxe fur les Enga-
giftes des Etaux à
vendre chair ; réful-
tat de 100000 livres,
net   90000

   Offices au Confeil
de Luxembourg ; ré-
fultat de 350000 li-

15772144	19	4

liv. f. d.

De l'autre part 15772144 19 4
vres, net   315000
Offices de Police
dans la ville de Rouen;
réfultat de 500000
livres, net   450000
Lieutenans de Roi
dans toutes les Pro-
vinces aux gages de
140000 liv.   3500000
Offices de Police
en l'Hôtel-de-Ville
de Paris.   884000
Les Vendeurs de
Marée pour augmen-
tation de droits.   2650000
1200000 livres de
rentes fur les Aides &
Gabelles au denier
dix-huit.   21600000

Total 45171144 19 4

La permiffion de payer l'annuel fi-
niffant avec cette année, elle fut continuée pour neuf années. Le Roi difpen-
fa les Officiers des Préfidiaux, Bailliages & autres Jurifdictions, reffortiffant
nuement aux Cours fupérieures, du prêt

G iiij

en prenant des augmentations de gages du double de la valeur du prêt ; & en faisant leur soumission pour payer en corps le droit d'annuel. L'année suivante, le Roi ordonna au Trésorier des revenus casuels de faire aux Officiers qui payeroient en corps le droit d'annuel une déduction d'un cinquieme ; & à ceux qui payeroient séparément, une diminution du soixantieme denier de l'évaluation : sans que cette diminution dût tirer à conséquence pour l'évaluation des Offices, ni pour le droit du prêt qui seroit payé en entier. Il y eut pour onze cent mille livres de rentes d'augmentations de gages au capital de dix-neuf millions huit cent mille livres.

On commença dès cette année à éprouver une grande diminution sur le produit des Fermes générales, comme on en pourra juger par la récapitulation des revenus de cette année, qui ne furent que de cent quarante-neuf millions deux cent soixante-neuf mille sept cent vingt-cinq livres.

RÉCAPITULATION *des Revenus en 1692.*

Fermes générales.	6100000 liv.
Autres Fermes	2144433
Recettes générales des Pays d'Élections	35540183
Idem. Des Pays d'Etats	4199212
Dons gratuits des Pays d'Etats	8368095
Bois.	1785071
Revenus casuels.	20323496
Monnoie	1242890
Étapes & fecondes Parties	3580345
	149269725
Charges	36705555
Net	112564170

On avoit fans doute rembourfé quelques charges ou fupprimé quelques-unes des diminutions, toujours accordées aux Provinces qui fouffrent le plus, puifque cette année elles ne montoient plus qu'à trente-fix millions fept cent cinq mille cinq cent cinquante-cinq livres.

Les Parties du Tréfor Royal furent de cent douze millions cinq cent foixante - quatre mille cent foixante - dix livres.

C'étoient toujours quatorze millions de charges de plus qu'en 1683 : fur les cent quarante - neuf millions ci-deffus, il y avoit environ trente millions de parties extraordinaires ; de maniere que les revenus ordinaires ne rendoient réellement que cent dix-neuf millions deux cent foixante-neuf mille fept cent vingt-cinq livres.

ANNÉE 1693.

Les expédiens de l'année 1693 commencerent par l'établiffement d'une Ferme nouvelle, qui peut être regardée comme une bonne efpece d'impôt, & comme une fûreté intéreffante pour le Public. Tous les actes des Notaires furent affujettis dans le Royaume à un contrôle, dónt le droit forme aujourd'hui une branche confidérable des revenus. La Ferme en fut adjugée à fix cent mille livres pour les deux premieres années, & à neuf cent mille livres pour les quatre fuivantes.

Il eft clair que tout impôt qui retombe fur les riches foulage les pauvres; & celui-ci fembleroit devoir être établi dans cet efprit; cependant on s'en eft éloigné, puifque les petites fommes payent beaucoup plus en proportion que les autres. La raifon de cette différence peu équitable eft difficile à trouver. Les particuliers contractent des engagemens proportionnés à leurs facultés; & plus ils font confidérables, plus les Contractans ont d'intérêt à rechercher leurs fûretés. D'un autre côté, le droit eft fi fort fur les petites fommes, que dans les Provinces une infinité de familles paffent fous feing privé les actes les plus importans : de-là tant de procès, de furprifes, dont on cherche quelquefois la caufe mal-à-propos dans la difpofition des efprits. Seroit-ce donc une erreur d'avancer qu'en diminuant ce droit, le produit augmenteroit? & après tout ne pourroit-on pas s'en dédommager en augmentant le

droit des sommes au-dessus de dix mille
livres ? La Justice distributive si odieuse
aux riches, mais si nécessaire au maintien des Etats, ne permet pas que les
moins riches payent proportionnellement plus cher leurs acquisitions, la sûreté de leurs biens, le repos de leurs
familles.

L'uniformité si desirable dans toutes
sortes d'établissemens n'a pas été suivie
non plus dans celui-ci : le bénéfice que
l'on trouve à contracter à Paris, attire
encore dans ce gouffre l'argent de tous
les traités un peu considérables : outre que les riches seuls profitent de ce
bénéfice, l'argent ne retourne jamais
en entier dans les Provinces, & leur
circulation se ressent pendant de longs
intervalles de l'absence des parties qui
doivent y rentrer. Cependant un principe digne d'une attention plus qu'ordinaire nous apprend que l'aisance publique est déterminée par l'action ou le
repos des sommes qui ont une fois paru
dans la circulation. Cent mille livres
retirées du Commerce d'une Province
pendant six mois, y font perdre à l'industrie au moins douze mille livres pendant cet espace de tems.

La perception du droit de contrôle

a encore fait imaginer une regle bien peu favorable à l'Agriculture. Il eſt défendu de faire des baux de plus de neuf ans ; c'eſt comme ſi l'on eût défendu aux Fermiers de s'attacher à leur terre, & d'y faire l'avance des améliorations dont elle eſt ſuſceptible. Les groſſes terres appartiennent pour la plupart aux grands Seigneurs, plus occupés de la dépenſe qui les flatte, que du ſoin de laiſſer à leurs enfans les moyens de la ſoutenir. Leurs terres ſur leſquelles on épargne juſqu'au néceſſaire, doivent journellement dépérir & diminuer de valeur. Le Public y perd de deux manieres ; & parce que la quantité des denrées diminue dans l'Etat ; & parce que le Prince intéreſſé à ſoutenir les Maiſons illuſtres eſt obligé d'impoſer ſur les Peuples le montant de ſes juſtes libéralités. Si les Baux pouvoient être de vingt ans & plus, un Fermier riche regarderoit la Terre comme ſon propre bien, & s'obligeroit même à l'améliorer. C'eſt à la longueur des Baux que l'agriculture Angloiſe doit une partie de ſes progrès ſurprenans : ils ſont dans la Grande-Bretagne de quatorze, vingt-un & vingt-huit ans : alors le cultivateur agit en vrai propriétaire.

On étoit bien éloigné de songer à ses intérêts ; car on rendit une Ordonnance sur la police des Grains, capable de confirmer tous les préjugés contre leur garde par les gênes & les restrictions qu'on mettoit à ce Commerce. Le transport restoit libre à la vérité de Province à Province : mais à quoi servoit cette permission, puisque le Commerce n'étoit pas libre à tous ? En même tems il étoit défendu d'exporter les bleds à l'Etranger sans permission particuliere ; source de surprises & d'abus. De tout cela il résulte que la Loi, en voulant bannir les prétendus monopoles, en établissoit un réel ; puisque les laboureurs ne trouvoient qu'un très-petit nombre d'acheteurs. L'imagination des Traitans ne fut pas moins féconde qu'à l'ordinaire ; voyons-en les fruits.

Offices du Ban & arriere-Ban en chacun des Bailliages & Sénéchaussées du Royaume ; résultat de 3500000 liv. net.   2916666 13 4

Receveurs des Fouages en Bretagne ,

	liv.	f.	d.
	2916666	13	4
800000 liv. net. . .	720000		
Quatre Affineurs à Lyon , 600000 liv. net.	540000		
Union de la Chambre du Tréfor au Bureau des Finances de Paris , 1300000 liv. net.	1170000		
Finance des Locataires des boutiques & échopes , 36158 liv. net.	31130	16	
Offices dans la Maréchauffée & dans la Chancellerie d'Artois , 1100000 liv. net.	817666	13	4
Taxes fur les bois des Eccléfiaftiques , 4600000 liv. net. . .	4523333	6	8
Affranchiffement des droits de cenfives , rentes foncieres, & autres de 1693 à 1695 , 10240000 liv. net.	8524333	6	8
	19243130	16	

	liv.	f.	d.
De l'autre part.	19243130	16	0

Finance des Officiers des Juſtices Seigneuriales, pour être diſpenſés de ſe faire recevoir dans les Cours Supérieures & Juſtices Royales, 2100000 liv. net... 1750000

Finance des Offices de Braſſeurs de bierre en Flandre, 2212978 liv. net... 1844143 7

Vingt-ſix Payeurs & autant de Contrôleurs des rentes de l'Hôtel-de-Ville de Paris, 2580000 liv. net....... 2257500

Réunion des Offices de Contrôleurs généraux des Domaines aux Contrôleurs généraux des Finances, 300000 liv. net.. 270000

Affranchiſſement des Tailles en Languedoc, 1200000 liv.

25364774 3
net

	liv.	f.	d.
De l'autre part	25364774	3	0

net. 1000000

Offices de Lieute-
nans Criminels &
Commiſſaires Vérifi-
cateurs des Rôles des
Tailles dans les Elec-
tions, 1320549 l.net. 1100457 10

Offices de la Chan-
cellerie de Paris,
160000 liv. net. . . 144000

Offices créés dans
neuf Maîtriſes des
Eaux & Forêts, &
augmentations de ga-
ges attribuées aux
Officiers, 1300000
liv. net. 1170000

Augmentations de
gages héréditaires at-
tribuées aux Baillis,
Sénéchaux d'Epée &
Officiers de Juſtices
Royales, 1774000
liv. net. 1596600

Augmentations de
gages attribuées aux
Préſidiaux, Baillia-

30375831	13	

	liv.	f.	d.
De l'autre. part	30375831	13	
ges , Sénéchauffées & Commiffaires En-quefteurs & Exami-nateurs, 550000 liv. net...............	4950000		
Affranchiffement des Tailles en Dau-phiné de 1693 à 1695 ; refultats de 1080000 liv. net...	900000		
Taxes fur les Pof-feffeurs des Ifles & Iflots, premiers Huif-fiers audienciers des Cours Supérieures , & Contrôleurs des taxes des dépens; re-fultat de 1693 à 1694, 4000000 liv. net...........	3333333	6	8
Taxes fur les Au-bergiftes dans les pays où les Aides n'ont point cours, & vente des Offices de Lieutenant des Ma-réchaux de France ,			
	9559164	19	8

liv. f. d.

De l'autre part.   9559164 19 8

& Archers Gardes de la Connétablie, 3220000 liv. net...   2683333 6 8

Taxes fur les Au-bergiftes dans les pays où les Aides ont cours, 1140000 liv. net............   950000

43192498 6 4

Il fut encore con-ftitué fur les Gabelles un million de rentes au denier dix-huit...   18000000

Et en rentes via-geres, 600000 liv.   6000000

Total des moyens extraordinaires de cette année..... 67192498 6 4

On en imagina un très-propre à don-ner une idée du danger qu'il y a d'é-couter les Traitans en fait de Com-merce. On établit des Courtiers dans la Ville de Róuen, avec défenfes aux Négocians d'en employer d'autres, ni à aucun de s'immifcer dans leurs fon-ctions; c'eft-à-dire, que perfonne ne

H ij

pouvoit se passer de Courtier, ou se dispenser de confier son crédit, le secret de ses affaires & de sa fortune à ceux qui auroient payé plus cher leur Charge au Traitant. Rien n'est peut-être aussi délicat dans le Commerce que l'usage des Courtiers : plusieurs grandes Places de Commerce s'en passent, & s'en trouvent bien, soit à raison de l'économie, soit à raison de la sureté : une grande partie du déclin du Commerce des Hollandois peut être attribuée à l'infidélité de leurs Courtiers, gens pour la plûpart anciens domestiques ou protégés des Magistrats. Ils ont asservi le Commerce à des monopoles si odieux, que personne n'envoye plus vendre ses denrées en Hollande, que dans le cas où elles n'ont aucun autre débouché, ou seulement à la faveur des avances des deux tiers, que les Négocians de Hollande ont coûtume de faire sur les marchandises qu'ils sont chargés de vendre par commission. On n'ose se plaindre, parce que les Courtiers sont les maîtres de la fortune & du crédit des Commerçans. Ce vice intérieur dans le Commerce de la Hollande le conduit insensiblement à sa chûte depuis une quinzaine d'années;

& les effets n'en font pas même répa-
rables : car c'eft un proverbe commun
dans le Commerce, que le fer même
perd de fon poids à Amfterdam. Un fi
terrible exemple doit tenir en garde
contre toute reftriction de l'emploi de
Courtier dans les Villes de Commerce.
Il eft d'une très-grande commodité ;
mais il ne peut être mis en Charges, ou
limité à un petit nombre, fans expofer
le Commerce de l'Etat & le Commer-
çant à des abus de la plus grande conféquence. La geftion de toute affaire
de confiance doit dépendre du choix
& de la connoiffance du Commettant.

Dès qu'on perd une fois de vûe les
bons principes, on court rapidement
vers le défordre. Les droits des Courtiers furent reglés d'une maniere digne
de leur établiffement : on leur accorda
quarante fols par balle de laine entrant
à Rouen ; demi pour cent de la valeur
de toutes les marchandifes qui y entre-
roient, & cinquante fols par mille livres de courtage de change. Le Commerce fit de fi vives repréfentations,
que l'Edit n'eut point d'exécution ; mais
il fallut que les Confuls fiffent une impofition fur le Commerce, pour tenir
lieu de la finance.

La création des Offices d'Affineurs à Lyon n'étoit pas moins dangereufe, & elle a fubfifté. L'état, comme on vient de le voir, reçut fix cent mille livres ; mais fa Manufacture de galons a en partie paffé dans l'étranger, tant à la faveur du droit que perçoivent les Affineurs à Lyon fur l'or & fur l'argent, que du droit de marque ; tous les deux montent à cinq pour cent. Indépendamment de cette charge, les Affineurs s'étoient mis en poffeffion de prendre les matieres fur un titre au-deffous de leur titre réel ; de gêner les Orfévres & autres fur la fonte des matieres, & ce n'eft que depuis très-peu de tems que le Commerce a eu fatisfaction fur ces objets, qui font confidérables par leur répétition, & dans un Commerce auffi peu lucratif que celui des matieres d'or & d'argent. Si dans la ville de Trévoux il n'y avoit des Affineurs, qui au moyen de la liberté & de la concurrence affinent mieux & à meilleur marché de moitié qu'à Lyon, il eft vrai-femblable que nous perdrions encore fur notre Manufacture de galons, ou que les traits feroient verfés en contrebande de Geneve & autres pays voifins ; ce qui leur donneroit part dans notre Manufacture,

& la soûtiendroit du-moins en partie. C'est par une suite de cet exclusif qu'à Paris le départ de l'or & de l'argent est fait par des Sous-Fermiers des Affineurs, auxquels on paye trois livres dix sols pour une opération que chacun pourroit faire pour trente sols *.

On n'ignore point que l'ordre fut le prétexte de cet établissement; mais ce prétexte tombe, lorsqu'on considere que l'argue commune, où tous les lingots doivent passer à la filiere pour en faire du trait, suffit pour s'assurer de la qualité des matieres qu'on y employe; il ne s'agit que de confier la régie de l'argue aux Chambres du Commerce à Paris & à Lyon; elles ne prendront que les frais nécessaires à l'entretien; on ne payera plus six livres pour forger un lingot qui peut l'être facilement pour trente sols en payant bien. Ce trait n'est rapporté que pour donner l'idée de l'économie avec laquelle les Fermiers traitent les matieres premieres de nos Manufactures.

Les revenus de cette année, suivant la récapitulation, monterent à cent quarante-six millions quatre cent quatre-

---

* Ceci étoit écrit en 1754; les droits d'affinage & du départ sont réduits d'un cinquieme.

vingt mille six cent quarante-quatre livres, dont vingt-sept millions environ
en parties extraordinaires ; les charges
à trente-huit millions cinq cent quarante-deux mille quatre cent soixante-dix-
neuf livres ; les Parties du Trésor
Royal furent de cent sept millions neuf
cent trente-huit mille cent soixante-
cinq livres.

RÉCAP.

RECAPITULATION des Revenus en 1693.

Fermes générales	61000000 liv.
Autres Fermes.	2884500
Recettes générales des Pays d'Elections. . .	35316176
Idem des Pays d'Etats	4312127
Dons gratuits des Pays d'Etats . . .	7663095
Bois.	1919903
Revenus casuels	15545852
Monnoie.	14409556
Etapes & secondes Parties	3610345
	26480644
Charges....	38542479
Net....	107938165

On a vû que la refonte des   liv.
Monnoies a produit en 1690   4993637
    En 1691   .   .   .   8947109
    En 1692   .   .   . 12428890
    En 1693   .   .   . 14409556
       40779192

Il passe pour constant qu'à la mort de M. Colbert, comme on l'a déja remarqué, il y avoit dans le Royaume au moins cinq cent millions d'especes courantes à vingt-six livres quinze sols le marc d'argent, & trois cent soixante-deux livres dix sols le marc d'or ; ainsi la refonte ne produisit qu'un peu plus des quatre cinquiemes de ce qu'elle promettoit ; ce qui donne lieu nécessairement à l'une des deux conjectures suivantes. Ou un cinquieme de l'argent avoit été resserré, dans le tems cependant où l'on avoit besoin d'une circulation intérieure très-active pour réparer ce que le Commerce extérieur perdoit. Ou le cinquieme des especes avoit été réformé dans l'Etranger ; & en supposant que le bénéfice de la réforme eût été partagé entre les Etrangers & les Propriétaires de l'argent, il devoit y avoir cinq millions de moins dans le Royaume.

On s'apperçut sans doute du gain que faisoient les Etrangers ; car dès 1692 les louis d'or réformés furent réduits à douze livres au lieu de douze livres dix sols, & les écus à trois livres quatre sols au lieu de trois livres six. Dans le mois de Juin 1693 les louis d'or furent réduits à onze livres dix sols, & les écus à trois livres deux sols. On voit aussi que le produit des deux dernieres années fut plus considérable. Il fut monnoyé en quatre ans pour quatre cent soixante - cinq millions cinq cent mille livres ; c'est-à-dire, qu'il fut porté en matiere aux Monnoies pour environ quatre cent millions, ou les quatre cinquiemes de l'espece. C'est la plus forte qu'il y ait eu sous ce regne.

Les cent sept millions des parties du Trésor Royal en 1693 n'équivaloient en poids & en titre qu'à quatre-vingt-seize millions dans l'année 1689, où les parties du Trésor Royal étoient de cent cinq millions, par conséquent le Roi pour ces quarante millions avoit perdu d'un autre côté trente-six millions effectifs ; c'est-à-dire que, s'il avoit dépensé hors de son Royaume, pendant chacune de ces quatre années, neuf millions d'extraordinaire, il lui avoit fallu recourir à trente-fix millions d'emprunts, parce que les Etrangers ne reçoivent qu'en poids & en titre.

Le preftige étoit tel cependant que par un Edit du mois de Septembre une nouvelle refonte fut ordonnée. Il n'y eut de changement que dans la forme des monnoies & dans l'évaluation. Les louis d'or furent portés à quatorze francs, & les écus à trois livres douze fols. Quoique le profit que le Roi fe réfervoit fût du double, le produit ne hauffa que d'un quart environ, comme nous le verrons. Ce n'eft pas que l'on manquât de défenfes rigoureufes de tranfporter l'or & l'argent hors du Royaume, que le billonage ne fût profcrit ; mais dans cette occafion comme dans toutes, le profit & la facilité de la contrebande l'emporterent fur la crainte du châtiment.

ANNÉE 1694.

Je ne trouve rien de remarquable dans l'année 1694 ; toujours même fyftême de Finance, emprunts, affaires extraordinaires, travail des Monnoies.

Offices de Com-
miffaires Vérifica-
teurs des Rôles des
impofitions de Bour-
gogne ; réfultat de
910158 livres ; net .

livᵇ
758465

Droits de quittan-
ce attribués aux Re-
ceveurs généraux des
Finances & Rece-
veurs des Tailles ; ré-
fultat de 637911 li-
vres ; net . . . . . .

574120

Offices de Tréfo-
riers Contrôleurs en
Languedoc & Mon-
tauban ; réfultat de
3000000 livres ; net.

2500000

Offices de premiers
Syndics des Corps
des Villes en Flan-
dre ; réfultat de
1800000 livres ; net.

1500000

Offices de Colonels
Majors de Bourgeoi-
fie , de Contrôleurs
des deniers patrimo-
niaux & d'octrois &
autres . . . 00000 des

5332585
I iij

	liv.	f.	d.
De l'autre part	5332585		
résultats de 1694 à 1696 ; net	2916666	13	4
Taxes fur les Tréforiers de France pour l'hérédité de leurs Offices , & autres Offices créés dans plufieurs Bureaux des Finances ; réfultat de 2154000 livres ; net.	1795000		
Offices d'Auneurs de toile à Paris , 500000 livres ; net.	500000		
Offices d'Auditeurs & Examinateurs des Comptes des Arts & Métiers , 6000000 livres ; net	5900000		
Etabliffement d'un Bureau des Finances à la Rochelle ; réfultat de 254630 livres ; net	212191	13	4
Offices du Confeil fupérieur d'Alface , 562813 livres ; net.	469010	16	8
Offices de Vendeurs			
	17125454	3	4

	liv.	f.	d.
De l'autre part.	17125454	3	4

de veaux & volailles & autres à Rouen ; réfultat de 400000 livres ; net . . . 333333 6 8.

Finance de Notaires , Huiffiers Audienciers, & Contrôleurs établis en la Chancellerie de Metz; réfultat de 40000 livres ; net . . . 36000 .

Offices de Maîtres & Gardes & Gourmets de bierre en Flandre, Hainault & Artois ; réfultat de 998000 livres ; net. 831666 13 4

Réunion des Offices des Chancelleries aux Offices d'Huiffiers Audienciers, 102000 livres ; net. 85000

Affranchiffement des Tailles en Provence , 360000 livres ; net . . . 300000

Deux Offices d'Af-

———————————

18711454 3 4

liv. f. d.

De l'autre part 18711454　3　4
fineurs à Paris, 40000
livres ; net　.　.　36000

Offices des Rece-
veurs des deniers pa-
trimoniaux dans quel-
ques Généralités tail-
lables , & de Rece-
veurs des octrois dans
la Généralité de Pau ,
réfultat de 700000 li-
vres ; net　.　.　583333　6　8

Offices de Rappor-
teurs , Certificateurs
& Vérificateurs des
criées & fubhafta-
tions dans les Juftices
Royales ; réfultat de
1080000 livres ; net.　900000

Traité des eaux &
fontaines des Offices
de vendeurs de veaux
& volailles , de 1694
à 1696 ; réfultat de
6186000 livres ; net.　4536400

Offices des Greniers
à fel , attribution de
droits manuels, & def-

24767187　10

liv. f. d.

De l'autre part. 24767187 10 0

union des Greniers à fel d'avec les Elections ; réfultat de 4320000 livres ; net.   3600000

Arrérages de Lods & demi-Lods des Provinces de Languedoc & Provence, 300000 livres ; net   .   .   250000

. Offices de Contrôleurs des Actes des Notaires dans les Villes des refforts du Parlement de Tournay, Paris, Rouen, Touloufe, Metz, Befançon, & autres lieux ; réfultat de 1694 à 1696, 8869952 liv. net 7391626 13 4

Etabliffement de deux Siéges des Eaux & Forêts dans la haute & baffe Alface ; réfultat de 40400 livres ; net   .   .   .   36000

Offices de Greffiers
_____

36044814   3 4

	liv.	f.	d.

De l'autre part. 36044814 3 4
alternatifs des rôles
des Tailles, & denier
pour livre d'attribu-
tion aux anciens ; ré-
fultat de 7863391 li-
vres ; net . . . 6552825 16 8

Offices des Rece-
veurs des Gabelles
dans les Fermes géné-
rales , & des droits
d'entrée & fortie du
Royaume , & aug-
mentations de gages
attribués auxdits Of-
fices ; réfultat de 1694
à 1696 de 7037135
livres ; net . . . 5864279 3 4
_____
48461919 3 4

Il fut auffi créé
douze cent mille li-
vres de rente fur les
Gabelles au denier
quatorze. 16800000
_____
65261919 3 4

Tant d'expédiens ruineux employés,
& principalement la refonte des mon-

noies , avoient répandu un difcrédit
univerfel. On fut obligé de hauffer les
intérêts & d'accorder aux Propriétaires
des anciennes rentes la faculté de convertir leurs rentes du denier vingt &
du denier dix-huit au denier quatorze;
mais le public n'ufa point de cette faculté.

Les revenus de cette année monterent à cent quarante-cinq millions neuf
cent foixante-fept mille cent cinquante-
fix livres , dont vingt-quatre millions
en partie extraordinaire fur les Monnoies ; les charges à quarante-trois millions quatre cent trente-deux mille huit
cent foixante-une livres ; les parties du
Tréfor Royal furent de cent deux millions cinq cent trente-fept mille trois
cent quatre-vingt quinze livres.

RECAPITULATION des Revenus de 1694.

Fermes générales.	61000000 liv.
Autres Fermes.	3705500
Recettes générales des Pays d'Elections.	35112742
Idem des Pays d'Etats.	4307414
Dons gratuits des Pays d'Etats.	946009
Bois.	1712970
Revenus casuels.	3061826
Monnoie.	2400000
Etapes & fecondes Parties.	3605609
	145967156
Charges.	43432861
Net.	102534295

C'eſt une choſe remarquable que cette progreſſion annuelle de la dimi-nution des parties du Tréſor Royal. La miſere étoit très-grande, & pour con-ſoler le Peuple, on lui annonça une di-minution de trois millions ſur les Tail-les de 1695 ; mais ce n'étoit point de là que dépendoit ſon ſoulagement ; quin-ze millions de tailles en ſus ne l'euſſent pas autant fatigué, que la ceſſation du Commerce des grains particulierement, & la multiplicité des droits attribués à cette foule de nouveaux Officiers. Il n'y en avoit pas un ſeul qui n'eût un exercice ; & nul Officier n'exerce ſans ſe faire payer & ſans gêner. La plûpart avoient des priviléges, & tous étoient gagés par l'Etat ; ainſi chacun d'eux portoit avec ſoi quatre moyens infail-libles de diminuer les revenus publics & d'abſorber la ſubſtance du Royaume.

ANNÉE 1695.

Les expédiens s'épuiſoient cepen-dant, l'art créateur des Traitans étoit en défaut. La néceſſité ramena vers l'opération que les principes euſſent dû indiquer dès le commencement. Le Roi établit un impôt par tête ſur tous ſes

Sujets de quelque condition qu'ils fuffent, appellé Capitation. On partagea
le Peuple en vingt claffes différentes,
afin que le fardeau fût proportionnellement plus grand fur les claffes les plus
riches.

Un pareil impôt étoit très-propre à
fuppléer à une néceffité extraordinaire,
parce qu'il fe perçoit fans beaucoup de
frais & qu'il rentre promptement, s'il
eft principalement réparti fur les riches.
Pendant la paix il eft moins avantageux
au Public qu'un impôt réel fur les biens,
parce qu'il tient trop de l'arbitraire, &
qu'à la longue le riche eft déchargé &
le pauvre furchargé. Les détreffes fré-
quentes de l'Etat depuis fon établiffement ont encore contribué à le répartir plus inégalement. Prefque toutes les
Charges ont été taxées à une capitation,
& par une maxime, qu'on appelleroit
plus juftement un fophifme, on ne peut
être foumis à deux capitations ; de façon que plus un homme eft riche, plus
il eft affuré de payer peu de capitation
en achetant une Charge. Il paroît cependant que l'efprit primitif de la Loi
étoit d'affeoir l'impôt en raifon des facultés. En général toutes chofes dégé-
nerent facilement en ufage parmi nous ;

& elles fubfiftent long tems parce que
c'eft l'ufage. La même inégalité s'eft
introduite parmi les Compagnies qui
payent la capitation en corps ; c'eft-à-
dire, que le plus riche paye autant que
le moins riche. S'il en eft une où cet abus
foit remarquable, & où la réforme fût
utile à l'Etat, c'eft parmi les Financiers.
Quelle que foit leur fortune ou leur portion d'intérêt, la capitation de chacun
eft égale. La France feroit trop puiffante fi la répartition des impôts étoit
faite également. Si l'on confidere au
plus fort des guerres la maniere de vi-
vre des riches dans la capitale & les
principales villes du Royaume, qu'on
la compare avec le changement qui fe
fait alors dans les Campagnes ; on fera
furpris, d'un côté, que l'Etat foit fi
peu fecouru, de l'autre qu'il le foit autant. Tel impôt qui ne retranche-
roit pas dix piftoles fur le jeu ou fur
les dépenfes les plus frivoles dans chaque famille aifée, eût fuffi quelquefois
avec les revenus courans pour faire la
guerre, fans que le laboureur en en-
tendît parler ailleurs que dans les prie-
res publiques. Si l'Edit d'un tel impôt
paroiffoit, on n'entendroit que cla-
meurs, que murmures de la part de

deux ou trois millions d'hommes environ. Ne leur demandez rien, épuisez
les campagnes ; ces mêmes hommes di-
ront froidement : le Peuple souffre, il
est vrai, mais l'intérêt général l'emporte sur l'intérêt particulier ; il ne faut pas
que cette espece d'hommes soit à son
aise.

Autant notre Nation est estimable à
beaucoup d'égards, autant elle mérite
de reproche dans l'intérêt que l'on doit
prendre à la gloire & au maintien de la
société. Il est honteux pour des hommes
qui, tranquilles à l'abri de la douceur
des Loix & de la sagesse du Gouvernement, passent leur vie dans l'aisance ou
la mollesse, d'élever une voix efféminée
pour s'ériger en Réformateurs, pour se
plaindre que le luxe devient cher. Quels
sont donc aujourd'hui les principes de
notre éducation ? Après Dieu, quel intérêt doit être plus touchant pour nous que
celui de la société ? Cet intérêt renfer-
me l'obéissance au Chef de cette société, parce qu'elle en est le mobile ;
& le soulagement de nos concitoyens.
Nous n'appartenons à nos amis, à nos
parens, à nos enfans, à nos épouses,
à nous-mêmes, qu'après avoir rempli
ces devoirs. Que pensera la postérité
d'un

d'un siecle assez corrompu pour avoir jetté un ridicule sur ce qui faisoit la vertu des siecles précédens ? Si ces prétendus sages, qui veulent être citoyens de l'Univers, & qu'on devroit n'admettre nulle part, n'ont rien de plus à nous apprendre, périsse à jamais leur science funeste avec leur mémoire !

Si la Capitation rendit en 1695 la somme de vingt-un millions quatre cent trois mille huit cent cinquante-six livres, malgré le grand nombre de nouvelles impositions par traités, créations de Charges & autres moyens, malgré le discrédit public à l'occasion des refontes de monnoies, la pauvreté des Laboureurs & des Artisans ; il est clair qu'elle eût facilement rendu le double dès 1689. Ainsi avec très-peu d'autres impôts sur les consommations des Villes, on eût été en état de soutenir le poids des affaires sans rien aliéner sur les revenus. Ce qui doit être le plus remarqué, c'est que ces aliénations n'avoient eu pour objet que de soulager les Sujets ; car ce seroit une grande ingratitude de ne pas rendre justice aux intentions de M. de Pontchartrain. Peu versé dans les Finances, il fut entraîné dans une mauvaise route.

Tome IV. K

Il fut enfin obligé d'en revenir à cette charge qu'il avoit dessein d'éviter, & elle fut perpétuelle par un évenement forcé. Le Clergé se soumit à la capitation, & la racheta depuis comme divers particuliers. Les charges s'étoient tellement accumulées que la capitation suffisoit à peine à les remplir; on eut encore recours à quelques moyens extraordinaires pour soutenir les dépenses.

	liv.	s.	d.
Aliénation des Domaines & Greffes & droits en dépendans; résultats de 1695 & 1696 de 13000000 liv. net............	10833333	6	8
Offices de Contrôleurs Vérificateurs des recettes générales & autres recouvremens en Flandre; résultat de 872800 liv. net.....	727333	6	8
Offices de Conseillers Pensionnaires des Corps des Villes & autres droits en Flandre; résultats de 1525000 livres, net.........	1270833	6	8
	12831500		

CAPITULATION DES REVENUS

en 1695.

générales		61000000 liv.
fur les Chapeaux.	150000	
. . . .	2820000	
e des Actes des Notaires. . . .	700000	
-taux & Quarantieme de Lyon	400000	4433000
ur les Suifs & de Poids-le-Roi..	350000	
s à la Peau de Bordeaux &		
ufe.	13000	
générales des Pays d'Elections		32833887
générales des Pays d'Etats		4888865
atuits des Pays d'Etats.		6763095
. . . .		1335187
s cafuels.		4149181
. . . .		6321302
on.		21403856
& fecondes Parties		3612410
tuit & Capitation du Clergé		10000000
		156740783
	Charges	44247677
	Net	112493106

	liv. ſ. d.
De l'autre part...	12831500 0 0
Il fut en outre conſtitué au mois d'Avril douze cent mille livres de rentes au denier quatorze...............	16800000
Au mois de Juin un million............	14000000
Au mois d'Octobre douze cent mille liv...	16800000
Total	60431500

Les revenus de cette année, ſuivant la récapitulation, furent de cent cinquante-ſix millions ſept cent quarante mille ſept cent quatre - vingt - trois livres; les charges de quarante-quatre millions deux cent quarante-ſept mille ſix cent ſoixante dix-ſept livres; les parties du Tréſor Royal de cent douze millions quatre cent quatre-vingt-treize mille cent ſix livres.

Notre Marine étoit alors au plus haut période où elle ait jamais été; ſous ſa protection, les Armateurs firent ſortir un grand nombre de Corſaires qui incommoderent extrêmement le

K ij

Commerce des ennemis. Dans la guerre de Mer, les Corfaires font du même ufage que les troupes legeres dans les armées de terre ; fi celles-ci ne peuvent fe foutenir fans l'appui d'un corps plus folide , les autres ne peuvent paroître fans l'appui d'un grand nombre d'Efcadres. Le Roi tira tant d'avantage de cette petite guerre , qu'il réfolut de la favorifer. Toutes les prifes furent exemptes de droits d'entrée. Cependant cet avantage n'étoit pas fuffifant , & l'on a depuis reconnu combien il étoit plus utile de fupprimer le dixiéme de l'Amirauté.

ANNÉE 1696.

La bonne pofition où fe trouvoit notre Marine ne laiffe point entrevoir comment on pourroit juftifier l'abandon qui fut fait cette année de l'Ifle de Sainte - Croix , où les François avoient formé un établiffement dès l'an 1651.

Ce parti violent eut deux caufes très-remarquables. Cette Colonie fe trouvant environnée d'ennemis , & ne voyant point paroître de Vaiffeaux François , fut forcée de s'adreffer aux Danois établis à Saint-Thomas , pour échanger leurs denrées contre celles de

l'Europe, dont ils avoient besoin. Les
Fermiers se plaignirent que le transport
diminuoit considérablement leurs droits,
& représenterent les colons comme des
sujets infideles qui visoient à l'indépendance. Le Gouverneur de Saint-Domingue de son côté prétendit que la Colonie de Sainte-Croix ne pourroit pas
résister en cas d'attaque de l'Ennemi,
& qu'au lieu de partager ainsi les forces
des François dans l'Amérique, il falloit
les réunir dans les principaux établissemens. Il appuya ses raisons d'autres motifs tirés des circonstances locales, re-
présentant que l'Isle manquoit d'eau,
& qu'elle étoit très-mal saine. Mais ce
rapport n'étoit point exact : on avoit
creusé à grands frais des citernes dans
toute l'Isle ; & depuis que les défriche-
mens étoient achevés, l'air y est devenu aussi sain que dans aucune des An-
tilles.

Trois Vaisseaux avec trois barques
furent envoyés pour enlever tous les
habitans de cette Colonie, & les transporter à Saint-Domingue : on les força
d'abandonner des lieux qu'ils culti-
voient depuis trente-cinq ans avec des
travaux & des dépenses immenses.
Comme si ce n'eût point été assez, on

porta dans l'exécution de cet ordre une barbarie infinie. Comme le nombre des Habitans & des Esclaves se trouvoit plus considérable qu'on ne l'avoit pensé ou prévû, sous prétexte qu'il n'y avoit point de place pour tous les effets, on les contraignit d'en laisser une partie & de vendre l'autre à vil prix à ceux qui présidoient à l'embarquement : tous les bestiaux furent laissés dans l'Isle ; le Fort fut démoli, les maisons brûlées. Ces sortes de traits devroient toujours rester présens à la mémoire des hommes en place, & sont propres à leur faire connoître jusqu'à quel point des ames intéressées sont capables de surprendre leur religion, ou d'abuser de l'autorité sous leur nom.

La Compagnie du Sénégal, après avoir long-tems langui, s'étoit enfin accommodée de son monopole avec le sieur Dapougny, dont le crédit l'avoit soutenue quelque tems. Celui-ci contracta avec la permission du Roi une nouvelle société, qui fut revêtue de mêmes priviléges, & qui tomba quelques années après dans un état encore plus fâcheux que la premiere.

Le monopole des Fermiers du Domaine d'Occident conduisoit insensiblement de son côté la Compagnie du Canada à sa ruine. La permission d'aller en traite chez les Sauvages fut révoquée, parce que les Fermiers se trouvoient surchargés de peaux de Castor, & que la traite exclusive de Tadoussac suffisoit à leur Commerce.

Ce fut aussi dans cette année qu'à l'occasion de l'aliénation des droits sur le poisson, commencerent ces augmentations excessives sur le produit de nos pêches, qui leur ont porté un si grand préjudice.

Retournons aux Finances, c'est-à-dire, aux affaires extraordinaires.

Receveurs des Vingtièmes, Centièmes, Taxes & autres contributions en Flandre & autres lieux ; résultat de 1140930 liv. net... **liv.** **950773**

Taxations fixes attribuées aux Offices comptables, même aux Payeurs & Contrôleurs des rentes de l'Hôtel-de-Ville de Paris ; résultat de

liv. s. d.

De l'autre part 950773

2750000 liv. net . . . 2475000

Affranchissement
des Tailles dans la
Généralité de Mon-
tauban, 327015 liv.
net 272512 10

Neuf deniers pour
livre des charges af-
signées sur les recet-
tes générales & par-
ticulieres, attribués
aux Receveurs Gé-
néraux des Finances
& Receveurs des
Tailles ; résultat de
3135278 liv. net . . . 2850252 14 7

Offices créés dans
les Présidiaux de
Bourgogne, 710000
liv. net 591666 13 4

Etablissement d'un
Bureau des Finances
à Besançon ; résultat
de 325850 liv. net . . . 271875

Augmentations de
gages attribuées aux
Officiers de Judica-

_____

7412079 17 12

ture

	liv.	f.	d.
De l'autre part	7412079	17	11

ture, Juſtice, Po-
lice, Finance, Mi-
lice & Navigation de
l'Hôtel-de-Ville de
Paris ; réſultat de
3200000 liv. net... 2346666 13 4

Vente des Offices
de Contrôleurs des
exploits en Flandre,
Hainaut & autres
lieux ; Jurés ven-
deurs priſeurs de
meubles, & des Con-
trôleurs des bans de
mariages ; réſultats
de 1696 & 1697,
3600000 liv. net... 3000000

Sommes payées par
les particuliers pour
la confirmation des
foires & marchés,
& Offices de Meſu-
reurs des grains ; ré-
ſultats de 1696 &
1697, 1800000 liv.
net............. 1500000

Offices de Jurés

_____

14258746 11 3

De l'autre part 14258746 11 3

Mouleurs de bois dans plufieurs Villes du Royaume ; réful-tat 3600000 livres; net............... 3000000

Offices de Jau-geurs , Courtiers Commiffionaires de Vins, Eaux-de-vie & autres liqueurs , & de Diftributeurs de Papiers & Par-chemins timbrés ; ré-fultat 4200000 liv. net............... 3500000

Offices de Subfti-tuts des Avocats & Procureurs du Roi dans toutes les Juf-tices Royales , & augmentations de gages attribuées aux Subftituts des Pro-cureurs Généraux des Cours Supérieu-res, 1200000 livres; net............... 1000000
_____
21758746 11 3

	liv.	f.	d.
De l'autre part	21758746	11	3

Offices des Gabel-
les du Lyonnois ;
1316032 liv. net... | 1096693 | 6 | 8 |

Offices de Rece-
veurs & Payeurs des
gages & autres char-
ges assignées sur les
Gabelles de France,
Lyonnois, Proven-
ce, Dauphiné & au-
tres lieux ; résultat
de 840000 liv. net. ; | 700000 | | |

Offices de Jurés
Vendeurs de poisson
d'eau douce ; résul-
tat de 300000 livres,
net............. | 250000 | | |

Offices de Prévôts
Diocésains & autres
Offices dans la Pro-
vince de Languedoc,
600000 liv. net.... | 500000 | | |

Offices de Géné-
raux Provinciaux
subsidiaires des
Monnoies & au-
tres; 1450000 liv. | | | |

| 24305439 | 17 | 11 |

	liv.	f.	d.
De l'autre part	24305439	17	11
net............	1208333	6	8

Offices de Com-
miffaires des Tréfo-
riers de France pour
les comptes des Eta-
pes , 1500000 liv.
net............... 1250000

Vente de cinq cent
Lettres de Nobleffe,
3000000 liv. net... 2500000

Offices de Gou-
verneurs dans les vil-
les clofes du Royau-
me, 6000000 livres;
net............ 5000000

Etabliffement d'u-
ne Election dans la
Ville d'Eu, 80000
liv. net......... 80000

Offices de Con-
trôleurs des ouvra-
ges d'or & d'argent ;
réfultat de 3200000
liv. net......... 2666666 13 4

Offices de Tréfo-
riers des Commu-
nautés qui entrent

_____

37010439 17 11

	liv.	f.	d.
De l'autre part	37010439	17	11

En bourse, à l'exception des Compagnies supérieures, 800000 liv. net. 666666 13 4

Offices de Contrôleurs de Commissaires aux saisies-réelles ; résultat 800000 liv. net. 666666 13 4

Receveurs particuliers de la subvention de Metz ; 720746 liv. net . . . 600621 13 4

Taxes sur les usurpateurs du titre de Noblesse, 2000000 livres ; net. 1666666 13 4

Etablissement des Elections de Joinville , Sainte - Menehoult & Montereau, 200000 liv. net . . . 166666 13 4

Etablissement d'une Election dans la Ville de la Charité ; résultat 80000 liv. net. 80000

——————————
40857728 4 7

	liv.	f.	d.
De l'autre part	40857728	4	7
Offices dans les Préfidiaux du Comté de Bourgogne & augmentations de gages à eux attachées ; réfultat de 347250 liv. net...	289375		
Taxes fur les Annoblis en Lorraine...	6000		
Offices d'Auditeurs des Comptes dans les Communautés en Provence ; réfultat de 600000 liv. net.	500000		
Maîtrifes générales & particulieres des armoiries , & fommes payées par les particuliers pour droits d'armoiries ; réfultat de 7000000 livres, net	5833333	6	8
Gardes-fcels des Sentences , Jugemens , & autres actes ; réfultat de			
	47486436	11	3

	liv.	f.	d.
De l'autre part	47486436	11	3
3800000 liv. net...	3166666	13	4

Etabliſſement d'un Bailliage à Longue-ville , Vacville , Grainville & Epou-ville , 120000 liv. net 100000

Greffiers Syndics dans les Commu-nautés de Flandre, Hainaut & Artois ; 1009740 livres , net. . ! 841450

Offices de Jurés Syndics des Arts & Métiers, & d'Audi-teurs des Comptes des Communautés en Flandre ; réſultat de 1696 & 1697, de 675000 liv. net. . . . 562500

	52157053	4	7

Il fut conſtitué au mois de Mars ſur les Poſtes un million de rentes au denier douze, dont on fit le partage dans les

	liv.	f.	d.
De l'autre part principales Villes du Royaume. L'Hôtel-de-Ville de Paris en eut pour sa part 320000 livres, qui furent promptement remplies : mais le surplus restant encore sans demande dans les Provinces en 1697 ; il fut créé à l'Hôtel-de-Ville de Paris......... 52157053	52157053	4	7

De l'autre part
principales Villes du
Royaume. L'Hôtel-
de - Ville de Paris
en eut pour sa part
320000 livres, qui
furent promptement
remplies : mais le
surplus restant en-
core sans demande
dans les Provinces
en 1697 ; il fut créé
à l'Hôtel-de - Ville
de Paris........ 12000000

Au mois de Juin
un million sur les Ai-
des & Gabelles au
denier quatorze.... 14000000

Dans le mois
d'Août , douze cent
mille livres sur les
Aides & Gabelles au
denier quatorze... 16800000

Au mois de Fé-
vrier , une tontine
de 1200000 livres
de rente......... 12000000

Total 106957053   4   7

Les revenus de cette année , fuivant
la récapitulation , furent de cent cin-
quinte-fix millions neuf cent vingt-fix
mille deux cent fix livres ; les charges
de quarante-cinq millions quatre cent
foixante-dix mille cent quatre-vingt-
une livres ; & les parties du Tréfor
Royal de cent onze millions quatre cent
cinquante-fix mille vingt-cinq livres.

RECAPITULATION des Revenus en 1696.

Fermes générales. · · · · · ·	61000000 liv.
Autres Fermes · · · · · ·	4360000
Recettes générales des Pays d'Elections · · ·	30040106
Idem des Pays d'Etats. · · · ·	6098399
Dons gratuits des Pays d'Etats · · · · ·	8141718
Don gratuit du Clergé · · · · · ·	10000000
Bois. · · · · · ·	1692470
Revenus casuels · · · · · ·	5396721
Monnoie · · · · · ·	4009875
Capitation. · · · · · ·	21707216
Etapes & secondes Parties · · · · · ·	3470681
	15692005
Charges · · · ·	4647181
Net · · · · ·	111456025

A N N É E 1697.

Quoique l'Angleterre & la Hollande reconnuffent la modération des conditions de Paix offertes par la France, l'inflexibilité de leurs Alliés l'emporta, la guerre fut continuée. Le Roi fe détermina à de nouveaux efforts, capables de leur arracher ce qu'ils refufoient à la raifon : cependant, comme l'on prévoyoit la fin de la guerre, les affaires extraordinaires furent moins nombreufes que dans les années précédentes.

Offices de Procureurs du Roi dans chaque Généralité du Royaume, & de Tréforiers de France dans chaque Bureau des Finances ; réfultat 9000000 livres; net. . . . .

liv.
750000

Aliénation de deux fols fix deniers par voie de bois flotté, qui fe débite dans la Ville & Fauxbourgs de Paris,

	liv.	s.	d.
De l'autre part, payables par les Vendeurs ; résultat 400000 liv. net....	750000		
	360000		
Etablissement des Lanternes dans les principales Villes du Royaume, 2800000 liv. net........	2333333	6	8
Etablissement des Lanternes dans la Ville de Lyon ; résultat de 300000 livres ; net......	250000		
Lettres de Naturalité & Légitimation, 560000 livres ; net............	466666	13	4
Offices de Receveurs des Contrôleurs des amendes & droits de quittance, 400000 livres ; net...........	333333	6	8
Offices d'Essayeurs & Visiteurs des bierres à Paris, 400000 livres ; net.....	333333	6	8
	4826666	13	4

liv. f. d.

De l'autre part.   4826666   13   4

Offices d'Auditeurs, Rapporteurs des Comptes des Villes, Corps d'Etats & Communautés des Pays conquis ; réfultat de 1426209 liv. net...   1188507   10

6015174   3   4

Il fut conftitué au mois de Mai douze cent mille livres de rentes au denier quatorze.   16800000

22815174   3   4

Voici la récapitulation des revenus qui furent cette année de cent cinquante-huit millions vingt-fept mille fix cent cinquante-cinq livres ; les charges de quarante-fept millions fept cent foixante-deux mille cent trente-huit livres ; & les parties du Tréfor Royal de cent dix millions deux cent foixante-cinq mille cinq cent dix-fept livres.

RECAPITULATION des Revenus en 1697.

Fermes générales.	58750000 liv.
Autres Fermes	3997500
Recettes générales des Pays d'Elections	30053385
Idem des Pays d'Etats	6195947
Dons gratuits des Pays d'Etats.	8141715
Bois	1827015
Revenus casuels	1912160
Monnoie.	20000000
Capitation.	23670042
Etapes & secondes Parties	3479691
	158027655
Charges. . . .	47762338
Net.	110265317

La paix fut enfin signée à Ryſwick le 20 Septembre, d'une maniere d'autant plus glorieuſe pour le Roi, qu'il en avoit fixé le jour, & que le ſuccès de pluſieurs expéditions éclatantes n'avoit rien ajouté à ſes prétentions. Cependant, cette paix fut peu avantageuſe au Commerce & à nos établiſſemens naiſſans : parce que des eſpérances plus grandes engagerent Sa Majeſté à ſe lier avec les Hollandois par un Traité de Commerce très-favorable à leurs Pêches & à leurs Manufactures ; ou plutôt en grande partie aux Manufactures des Anglois, moins bien traités qu'eux dans nos Ports. C'eſt en conſéquence de ce Traité que fut dreſſé le tarif de 1699, qui tenoit une eſpece de milieu entre le tarif de 1664 & celui de 1667 : le droit de cinquante ſols par tonneau, le ſeul rempart de notre navigation fut ſupprimé. Le Commerce dont la guerre avoit déja rallenti conſidérablement les progrès, & qui ne recevoit plus de gratifications, ne fut bientôt plus en état de ſe ſoutenir contre cette nouvelle attaque.

Mais l'accident le plus funeſte qu'il eſſuya fut ſans contredit la diminution évidente du tréſor de la Nation, par le billonage qui fe fit plus fûrement que jamais en Hollande.

On a remarqué que fur la fin de l'année 1693 une nouvelle refonte avoit été ordonnée ; que le marc d'or étoit porté fur les nouvelles efpeces de quatre cent feize livres dix-fept fols fix deniers à cinq cent fept livres dix fols, & le marc d'argent de vingt-fept livres dix-huit fols à trente-deux livres fix fols ; c'eft-à-dire que l'augmentation étoit de près d'un fixiéme.

		liv.
En 1694, le travail des Monnoies produifit.	. . . . .	24000000
En 1695	. . . .	6321302
En 1696	. . . .	4009875
En 1697	. . . .	20000000
		54331177

Depuis cette année, les Monnoies ne produifirent jufqu'en 1699 que	. . . .	1400000
		55731177

Nous avons obfervé que la premiere refonte avoit néceffairement refferré les efpeces, ou les avoit fait paffer à l'Etranger pour les réformer, avec une perte de cinq millions fur la maffe de l'argent.

Le

Le bénéfice de cette seconde réforme étant de près d'un sixieme sur cinq cent quatre-vingt-quinze millions supposés existans dans le Royaume, le produit auroit dû être de quatre-vingt-dix-huit millions environ; il ne se trouva que de cinquante-cinq millions; c'est-à-dire que plus des trois septiemes de l'argent n'avoit point été envoyé aux Monnoies. Il fut donc resserré ou porté à l'Etranger: perte dans les deux cas; mais vraisemblablement le billonage déroba au Prince plus des trois septiemes de son bénéfice, ou quarante-trois millions. En supposant le gain partagé entre les Etrangers & les François, la perte de l'Etat étoit de vingt-un millions; elle avoit déja été de cinq dans la premiere réforme; ainsi les Etrangers avoient gagné dans ce commerce vingt six millions environ, sans nous donner le moindre équivalent. Ces suppositions sont parfaitement d'accord avec les faits, puisque je trouve qu'il fut monnoyé pour la somme de trois cent vingt-un millions cinq cent mille livres; c'est-à-dire, qu'il fut porté en six ans aux Monnoies deux cent soixante-six millions de matieres.

Dans cette année les parties du Tré-

for Royal de cent dix millions n'équivaloient qu'à quatre-vingt-huit millions
dans l'année 1689, & les cent cinq millions à quoi montoient les parties du
Tréfor Royal de cette même année,
équivaloient à cent-vingt-fix millions
en 1697.

Que ces opérations font différentes
de celle qui fe fit en Angleterre dans
l'année 1695 ! Les Monnoies y étoient
dans un defordre prodigieux, parce
que leur mauvaife fabrication avoit facilité l'induftrie des rogneurs.

L'Etat au plus fort de la guerre annonça une refonte & fe chargea de la
perte. Ce fut le falut de l'Angleterre,
où le difcrédit général menaçoit les affaires d'une extrême confufion.

On profita en France des premiers
momens de la paix pour remédier à une
partie des inconvéniens attachés à la
méthode qu'on avoit embraffée.

Cinquante Offices de Secrétaires du
Roi du grand Collége furent fupprimés
pour les réduire au nombre de trois
cent. On en ufa de même à l'égard des
augmentations de gages & de plufieurs
privileges attribués aux Offices des
Chancelleries près les Cours Supérieures & les Préfidiaux.

On réfolut auffi de rembourfer les
rentes & les augmentations de gages
créées à titre onéreux. On ne pouvoit
en trouver les fonds que dans de nouvelles conftitutions , puifque la longueur de la guerre, la multiplicité des
Offices, & les refontes de Monnoies ,
avoient extraordinairement fatigué les
Peuples. La continuation des impôts,
fur les riches fur-tout, étoit peut-être
cependant le parti le plus prudent à
fuivre; & quelque dur qu'il eût paru
aux Peuple alors, l'événement a juftifié que cette pitié lui fut fatale. La foi-
bleffe de la nature fait pardonner aux
malades les plaintes qui leur échappent
contre des traitemens douloureux ;
mais après la guérifon nul homme pof-
fédant l'ufage de fa raifon ne reproche-
ra fes douleurs paffées à celui qui lui
fauva la vie. Le Médecin habile fçait
proportionner la force de fes remedes
au tempérament du malade, le foutenir même au befoin par des alimens con-
formes à fon état; le Médecin politique a les mêmes précautions à prendre.
Les encouragemens donnés à l'Agriculture & au Commerce font deux moyens
toujours furs de rappeller à la vie le
corps politique : mais pour lui les fujets

délicats font ceux qui compofent ce qu'on appelle le bas Peuple ; il convient prefque toujours de tempérer avec eux l'efficacité de ces remedes ; au contraire, ces hommes fi foibles dans l'ordre de la nature , qui ne font fouvent diftingués du Peuple que par la richeffe , ou par des titres, font les fujets robuftes avec lefquels on peut éprouver toute la force de l'art.

ANNÉES 1698, 1699.

Nous avons vû qu'il avoit été créé depuis 1689 :

livr.

500000 de rente au denier dix-huit....	9000000	1200000
Idem.	21600000	1000000
Idem.	18000000	1200000
Idem.	21600000	1000000
Idem.	18000000	
	88200000	**4900000**

1200000 au denier quatorze....	16800000	1200000
Idem.	16800000	1200000
Idem.	14000000	1000000
Idem.	16800000	1200000
Idem.	14000000	1000000
Idem.	14000000	1000000
Idem.	16800000	1200000
1000000 au denier douze	12000000	1000000
	121200000	**8800000**

209400000   121200000

au denier douze & quatorze

Totaux 13700000
Dont... 121200000

88000000

Le 13 Décembre 1697 il fut constitué

	1000000	au denier dix-huit.
		18000000
Le 2 Janvier 1698	2000000	*Idem.* 36000000
Du même mois...	1000000	*Idem.* 18000000
Du mois de Févr.	2000000	*Idem.* 36000000
Du mois de Mars	1000000	*Idem.* 18000000
	7000000	**116000000**

Avec les sept millions de rentes de nouvelle création on remboursa les huit millions huit cent mille livres de rentes créées au denier quatorze & au denier douze. Il resta encore sur les capitaux un excédent de quatre millions huit cent mille livres pour rembourser diverses Charges ou attributions de gages, entr'autres à trente-deux Payeurs & trente-deux Contrôleurs des rentes, pour réunir à la Ferme des Aides les droits aliénés aux Vendeurs de Marée, de veaux, de volailles.

Ces rentes ayant été achetées assez promptement, on forma le dessein de les rembourser, ainsi que toutes celles qui se trouvoient au denier dix-huit, par des constitutions au denier vingt.

Dès le mois de Mars 1698.

Il s'en fit pour	1000000 liv.	2000000 liv.
Au mois d'Avril.	1000000	2000000
Au mois de Novembre. . . .	500000	1000000
Au mois de Mars 1699 . . .	500000	1000000
Au mois de Novembre . . .	2000000	4000000
Au mois de Décembre. . . .	13000000	26000000
	18000000	36000000

Les rentes au denier dix-huit étoient

Depuis 1697	7000000 liv.	126000000 liv.
Depuis 1689 jufqu'en 1693 . . .	4900000	88200000
Depuis 1684 jufqu'en 1689 . . .	3700000	66600000
Le dernier million de 1683 . . .	1000000	18000000
	16600000	298800000

Par ces conversions l'Etat gagnoit un million six cent soixante mille livres sur la différence du denier dix-huit au denier vingt ; mais il augmentoit les rentes de quatorze cent mille livres environ. Il est vrai qu'au moyen des soixante-un million deux cent mille livres qui lui revenoient en bon, il remboursoit des Charges & des aliénations placées au denier dix & quatorze ; cependant les treize derniers millions furent quelque tems à se remplir, moyennant quoi l'Etat ne fut pas soulagé sur le champ.

Soit non-valeurs ou autres causes, je trouve qu'en 1698 les revenus montoient à cent vingt-deux millions trois cent cinquante-huit mille huit cent quarante-deux livres ; les charges & diminutions à quarante-neuf millions quatre cent quatorze mille cent quatre-vingt-neuf livres ; les parties du Trésor Royal à soixante-douze millions neuf cent quarante-quatre mille six cent cinquante-trois livres.

En 1699, à cent ving-huit millions cinq cent vingt-sept mille huit livres ; les charges & diminutions à cinquante-un millions trois cent vingt-huit mille quarante-huit livres ; les parties du trésor Royal, à soixante-dix-sept millions

cent

Cent Suisses	49038	49038	49038	49038	49038	49038	49038
Venerie & Fauconnerie	335656	352886	338037	324368	329337	329337	323173
Louveterie	34293	34293	34293	34293	34293	34293	33573
Maison de Monfieur	1040000	1090000	1050000	1282500	1763666	2403500	2403500
Maison de Madame	252000	252000	252000	252000	252000	252000	253000
Récompenfes	284137	308168	299415	277000	316753	314970	385953
Maison de Madame la Dauphine	1055293	1009423					6971778i
Maison de Madame la Duchesse de Bourgogne						6971778i	6971778i
Dépenfes pour lefquelles il n'a point été expédié d'ordonnances	242434	488581	391192	228789	340916	2310900	
Comptant du Roi	3010175	2261400	2356000	1977336	1197730	1806704	
Bâtimens	2965969	1610739	1730992	1505970	1470479	1676129	
Bâtimens	653567	426777	369861	351137	403191	385953	
Ligues Suiffes	6207050	6996624	71066526	7262184	71567180	6971778i	
Extraordinaire des guerres	2419399	2469825	2764168	2542237	2431403	2310900	
Garnifons	1323804	1552154	1950704	2121349	1956288	1806704	
Gratifications aux Troupes	704277	883070	1375254	1816941	1514408	1423262	
Artillerie	1490579	1764512	2443639	2900707	2811089	2002657	
Marine	3614753	4013591	4156177	4182425	2964328	3987914	
Galeres	12678609	7162940	4156177	7234456	4796073	623918	
Fortifications	631100	4588241	3303300	1720866	379900	3521256	
Ambaffades	112251	171049	232817	3602331	81567	1696670	
La Baftille	2365283	2354866	2449205	2516477	2563092	2566234	
Penfions	2051884	2126472	2254546	3348932	1733797	2294453	
Gages du Confeil	548506	529928	583888	532754	618896	634820	
Maréchaux de France	4316835	2201061	4143388	2963290	2746760	3433697	
Gratifications par comptant	8555000	765417	4042619	2098711	2043490	1440395	
Affaires fecretes	213012	226450	245333	235700	234452	226000	
Acquits Patens	113049	78500	86718	238700	234452	126000	
Ponts & Chauffées	53666	53666	53666	76880	127588	75286	
Pavé de Paris	15164		24683	200597	33490	50534	
Commerce des Indes	5084611	9651172	9715426	13934272	20250393	14315434	
Remboursemens, Intérêts d'avances & Remifes	2577714	265437	3208123	306473	2870885	193785	
Menus dons & deniers payés par ordonnances	934113	847479	702149	697788	646533	406064	
Voyages				20000	10000		
Tréforier du marc d'or	68148	77280		32709	21128		
Haras	115399	115188	124167	120749	124431	124181	
Guet de Paris & Brigades des environs	30909	34036		18811	19389		
Arrérages de rentes	355533	510000	600000	600000	600000	600000	
Dépenfes du Roi & de la Reine d'Angleterre	1396911599	1365418621	1458249095	1576250324	1815518182	1380909212	

cent quatre-vingt-dix-huit mille neuf cent soixante livres.

Le tableau des dépenses depuis 1689 jusqu'en 1699 pourra être aussi instructif qu'intéressant pour la simple curiosité.

La Capitation fut supprimée en 1698 ; mais les revenus étoient tellement embarrassés, comme on vient de le voir, que l'on continua d'employer quelques moyens extraordinaires.

Affaires extraordinaires par Traités en 1698.

	liv.	s.	d.
Etablissement d'un Bailliage & autres Offices à Parthenay & Vouvans ; résultat de 36000 livres ; net . . .	30000		
Sommes payées par les Officiers des Maréchaussées qui exercent sans Provisions, résultat de 800000 livres ; net	666666	13	4
Offices créés en la Chambre des Comptes de Dole ; résultat de 345000 livres ; net .	310500		
	1007166	13	4

*Affaires extraordinaires par Traités
en 1699.*

	liv.	f.	d.
Lods & ventes & Contrats d'échange dans la Province de Bretagne ; réfultat 400000 livres ; net .	333333	6	8
Finance payée par augmentation par les premiers Huiffiers-Audienciers & Jurés-Crieurs, 300000 liv. net	250000		
Idem par les Con-trôleurs , Effayeurs des ouvrages d'étain, 162000 livres ; net .	135000		
Idem par les Gref-fiers des Baptêmes , Mariages & Sépultu-res , & autres Offi-ciers, 462000 livres ; net	385000		
Recouvrement des débets des Compta-bles jufques & com-pris 1690 ; réfulat			
	1103333	6	8

	liv.	s.	d.
De l'autre part	1103333	6	8
1600000 livres ; net.	1333333	6	8

Offices de Lieutenans généraux de Police dans l'étendue du Royaume , excepté la Flandre & le Hainaut ; résultat de 4000000 liv. net . .   3600000

Augmentation de forfait pour les Offices de Procureurs du Roi, Greffiers & Commissaires de Police , 4000000 livres ; net .   3600000

Offices de Greffiers en chef , 2760000 livres ; net   .   .   .   2484000

Augmentation de Finance des Juges des droits d'entrée & sortie du Royaume , Mouleurs & Aides-à-Mouleurs de bois à Lyon , 500000 l. net.   450000

Idem des Priseurs, Vendeurs de biens-meubles à Paris , &

42570666   13   4

	liv.	f.	d.
De l'autre part	12570666	13	4

Greffiers Gardes-Minutes Expéditionnaires des Chancelleries, 600000 livres ; net . . 580000

13150666 13 4

Il fut auffi créé en 1699 400000 livres de rentes viageres . . 4000000

Total 17150666 13 4

Cette derniere maniere d'emprunter eft fans contredit moins onéreufe que l'autre ; mais elle ne laiffe pas d'être à charge à l'Etat par les gros intérêts qu'il faut payer, & encore plus par le goût qu'elle donne à une infinité de perfonnes pour le célibat & l'oifiveté. A mefure que le luxe d'imitation s'introduit dans un pays, par les gains exceffifs de la finance, que les hommes perdent toute idée de différence de rang & d'état, que la corruption des mœurs & du goût fait paffer pour honnête ou pour agréable tout ce qui coûte ; on peut voir des peres & meres affez méprifables pour placer de cette façon une partie de leur fortune, que la nature reclame en vain en faveur de leurs enfans. Ces infortunés cependant, élevés dans le faste & la mollesse, apprennent dès l'enfance à être mécontens de leur existence ; l'attachement naturel aux commodités que l'on a goûtées, les conduit ensuite à sacrifier tout à ce penchant, souvent jusqu'à l'honneur.

Les droits attribués aux Contrôleurs des exploits furent réunis au Domaine, moyennant une augmentation de cinq cent mille livres par an. On réunit aussi à la Ferme du Contrôle des Actes les droits des petits Sceaux des Sentences, Jugemens & autres expéditions de toutes les Jurisdictions Royales ordinaires, des rôles des Tailles & ceux des Actes des Notaires.

En 1698 il se forma une Compagnie pour faire exclusivement pendant cinquante ans le Commerce dans la partie de l'Isle de Saint-Domingue, située depuis le Cap Tiberon jusqu'à la riviere de Nayle inclusivement. Le fonds étoit de douze cent mille livres ; elle étoit obligée, sous peine de révocation du privilége, de transporter dans l'espace de cinq ans dans l'étendue de sa conces-

fion au moins quinze cent Blancs tirés
d'Europe , & deux mille cinq cent
Noirs ; & au bout des cinq ans au-
moins cent Blancs & deux cent Noirs
par an. Cette Compagnie fatisfit à fes
engagemens, comme toutes celles dont
nous avons déja vû l'hiftoire.

On employoit encore l'exclufif, parce que la liberté ne réuffiffoit pas ; comme on avoit rendu ci-devant la liberté
par le peu de fuccès de l'exclufif. Ces
fortes de variations également infruc-
tueufes font connoître tout le prix des
principes. La liberté avoit répondu en
1669 aux vœux du Miniftre de la maniere la plus éclatante ; mais on y
avoit donné deux atteintes, par la défenfe de porter à droiture dans l'étranger les denrées des Colonies, enfuite
par la défenfe de leur vendre des fucres
bruts. Nous nous fommes étendus fur
ces deux opérations , fur le remede
qu'on y apporta, devenu par les fuites
plus fâcheux que le mal ; & quand même il eût été bon en foi, il devroit être
fans effet par la mauvaife proportion
fur les droits des fucres bruts & des fucres raffinés. Pendant la guerre, fous
prétexte d'approvifionnement , les Su-
périeurs avoient vendu aux Etrangers

la permiffion d'introduire dans nos Colonies toutes fortes de denrées ; les nôtres s'y trouverent furabondantes à la
paix ; déja plus cheres en elles-mêmes
par le peu d'ancienneté & de concurrence de nos fabriques, elles avoient
un fret plus cher à payer, un droit de
cinquante fols par tonneau du port des
Vaiffeaux en faveur des Fermiers du
Domaine d'Occident. Il eft aifé de
voir à qui la préférence étoit accordée.

On fe garda bien d'ôter l'impôt fur
les Vaiffeaux, ou de favorifer la navigation en permettant la vente libre des
fucres bruts ; à cela près deux Regle-
mens effentiels furent publiés : l'un du
20 Août 1698 portoit une prohibition
abfolue du Commerce des Etrangers
dans les Colonies ; il étoit défendu fous
des peines rigoureufes aux Négocians
François d'y vendre des étoffes étrangeres, de prêter leur nom aux Vaiffeaux
étrangers, ou de les intéreffer dans les
leurs. Cette Ordonnance, établie fur
un droit & des principes inconteftables, méritoit d'être mieux obfervée ;
fi elle l'eût été, la France auroit dans
fon commerce plus de deux cent millions d'efpeces qu'elle n'a pas. L'autre
Reglement du 20 Juin hauffoit les droits

N iiij

sur les sucres terrés à quinze livres du cent pesant, & sur les sucres en pain raffinés aux Isles à vingt-deux livres dix sols ; le droit de trois livres étoit conservé sur les sucres bruts, ce qui rétablissoit la proportion. Mais en 1699 on accorda aux Hollandois la permission de faire entrer du sucre raffiné en France sous les mêmes droits.

En 1699 il fut défendu de fabriquer plus de deux qualités de chapeaux : & ceux qui ne vouloient pas se servir de celles que la Loi permettoit en France, s'en pourvûrent ailleurs. On parvint enfin à faire entierement passer ce Commerce aux Anglois, dont nous avons eu une peine infinie à le retirer. Vers le mois de Septembre de cette année, M. de Pontchartrain fut revêtu de la dignité de Chancelier. Il eut pour successeur dans les Finances M. de Chamillart, qui eut assez de vertu pour avouer au Roi qu'il n'entendoit pas cette partie.

Avant de passer à ce Ministere, il n'est point inutile d'examiner le résultat général des opérations depuis le commencement de cette guerre.

Il paroît que les dépenses générales depuis l'année 1689 jusqu'à la fin de

l'année 1699, avoit monté à deux milliards trois cent foixante-dix mille cinq
cent foixante-fix livres. Sur cette fomme il convient de déduire les rembourfemens & converfions de rentes en
1699 de.... 314511576⎫
en 1698 de 105314957⎭ 419826533

Il s'en eft fait d'autres pendant tout
le cours de la guerre, puifqu'on fuppri-
moit fans ceffe pour recréer. Dans
l'état des dépenfes de 1689 à 1697 ils
montent à deux cent vingt-fix millions
huit cent onze mille cent vingt-quatre
livres ; mais dans la difficulté qu'il y
auroit de diftinguer ces parties & pour
ne rien hazarder, fuppofons que quinze
cent quatre-vingt millions furent employés aux dépenfes néceffaires au
maintien du Gouvernement.

Il avoit été reçu en affaires extraordinaires par traités, créations de Charges, augmentations de gages, pour la
fomme de   342449463 l.

Il faut remarquer ce-
pendant que toutes les
charges ne furent pas le-
vées, que la valeur de
tous les traités ne rentra
pas dans les onze années,

liv.

De l'autre part... 342449463
& qu'il y eut quelques
modérations au Conſeil.

Depuis l'année 1689
juſqu'en 1699 en rentes. 209400000

Depuis 1697 juſqu'en
1699 en rentes 486000000

En rentes viageres &
tontines de 1689 en 1699. 36000000

En refontes de monnoie 94000000
_____
1167849463

Depuis 1689 les parties
du Tréſor Royal ont mon-
té, déduction faite du produit des Monnoies , des
augmentations de gages
& des charges dont les
deniers ſont entrés à droiture aux Parties caſuel-
les , à 863000000
_____
2030849463

Nous verrons en 1700 l'emploi d'une
partie conſidérable de cet excédent de
trente millions ſur les dépenſes qui ne
montoient , comme on vient de dire ,
qu'à deux milliards trois cent ſoixante-
dix mille cinq cent ſoixante-dix livres.

Malgré toutes les converfions & les réduĉions faites depuis la paix, l'Etat ne laiſſoit pas de porter pour vingt millions de charges perpétuelles de plus qu'en 1688 ; par conféquent, en cas d'une nouvelle guerre, l'Etat pouvoit difpofer de vingt millions de moins par an ; & pendant la paix même il falloit de toute néceſſité, ou maintenir les impôts plus forts de vingt millions, ou baiſſer les dépenſes néceſſaires de vingt millions.

Examinons ſi par une conduite différente, c'eſt-à-dire, ſi en levant pendant la guerre ſur les Peuples les mêmes impôts qui furent établis dans l'eſpace de dix ans preſque à perpétuité ; ſi, dis-je, le Peuple n'eût pas été foulagé ; ſi l'Etat n'eût pas été plus riche, plus redoutable au dehors.

Au lieu de la dépenſe de quinze cent quatre-vingt millions ſuppofée pour le maintien du Gouvernement pendant ces douze années, évaluons-la, pour éviter toute erreur, à la ſomme de . . . . 1600000000 l.

Les charges & diminutions ne montoient en 1688 qu'à trente millions; elles ont monté fucceſſi-

liv.

De l'autre part. 1600000000

vement jusqu'en 1699 à cinquante-un millions, ces accroissemens de charges à raison des emprunts, forment un total à diminuer de . . . 133000000

1467000000

L'augmentation moyenne des Monnoies a été d'un septieme & demi ; une partie des dépenses a été extérieure, payée en poids & en titre ; les denrées & les fournitures ont au moins haussé dans la proportion du vingtieme à défalquer. . . . 73000000

Reste à faire de fonds pour 1394000000

En 1688 les parties du Trésor Royal montoient à 87000000

C'est-à-dire pour les onze années à .. 957000000

Augmentation sur les Dons gratuits & Recettes générales des Pays d'Etats pendant les neuf années de guerre seu-

1044000000

De l'autre part 1044000000
lement à trois mil-
lions 27000000
Nouvelles Fermes
ou Augmentations
sur les consomma-
tions dans les villes
pendant les neuf an-
nées de guerre à six
millions 54000000
Augmentation sur
les Gabelles à deux
millions pendant la
guerre 18000000
Le Clergé avoit
payé 24000000
Le dixieme sur les
terres par préféren-
ce à la Capitation
pendant neuf an-
nées à trente mil-
lions 270000000
Cinq millions
d'augmentation sur
les Tailles, pour les
porter de trente-
deux millions à
trente-sept, pen-
dant neuf ans . . . 45000000
Une confirmation
des Lettres de No-
blesse, le recouvre-
ment des debets des
Comptables, une
taxe sur les bois ec-
cléfiastiques, le re-
nouvellement de
l'annuel, euffent
produit au befoin... 15000000

liv.
1410000000.

Sur ce total la dépense fût revenue
à cent trente-six millions six cent mille
livres par chacune des neuf années de

guerre, & à quatre-vingt-dix millions pour les deux autres. M. Colbert évaluoit en 1682 la dépenfe de la guerre à cent dix millions, ce font vingt-fept en fus. Enfin, fi de la dépenfe de chaque année on déduit les rembourfemens, intérêts d'avances & remifes qui n'auroient point eu lieu dans ce plan, on verra clairement que la dépenfe commune des neuf années de guerre n'a pas monté à cent vingt-huit millions, malgré les augmentations des monnoies.

Ainfi fans aliénations, fans porter les Tailles beaucoup plus haut qu'en 1682, l'Etat foutenoit cette guerre de neuf années contre toute l'Europe, & en fortoit avec une réputation qui lui en eût peut-être épargné une nouvelle : car les Etrangers n'ignoroient point nos détreffes.

Les nouvelles impofitions propofées auroient tombé principalement fur les riches ; & un dixieme y eft beaucoup plus propre qu'une capitation, qui fut cependant imaginée la premiere, parce que les riches ont toujours obtenu des égards & des préférences. A la paix, la Nation étoit foulagée des nouvelles levées, l'Etat rentroit dans fes revenus ordinaires, & pouvoit même à bon droit les libérer encore par une réduction d'intérêt. Quelle différence pour le préfent & pour l'avenir ! au lieu de perdre une partie de notre capital numéraire , nous l'augmentions confidérablement par les prifes immenfes que firent nos Armateurs foutenus d'une puiffante marine.

On croit faire plaifir au Lecteur de lui indiquer en cet endroit un morceau curieux qui n'eft pas étranger à cette époque des Finances , puifqu'il contient une comparaifon de notre fituation en 1698 avec celle des Anglois & des Hollandois. Quoiqu'en grande partie il n'y foit traité que des Finances de l'Angleterre , les principes font fi fains , fi profondément développés , & les circonftances fi femblables à celles où nous nous trouvions , que cette digreffion , fi c'en eft une , fervira d'ornement utile au corps même de l'ouvrage. Les dettes des deux Etats eurent en quelque façon la même époque ; en comparant ce que les hommes habiles en ont penfé alors avec les événemens poftérieurs , on aura la matiere de grandes & belles inftructions.

Ce lambeau eft tiré d'un grand ouvrage de M. Davenant Infpecteur général des Douanes en Angleterre, homme également verſé dans le Commerce & la Finance, & qui paſſe pour un des plus ſçavans hommes que ſon pays ait produit dans ces deux ſciences. Quoique ce fût ici la place de cette diſſertation, ſi on veut la lire avec fruit ; cependant pour n'être pas accuſé d'interrompre le fil de nos recherches, l'inſertion s'en trouvera à la fin de cette époque.

ANNÉE 1699. 5 *Septembre.*

M. de Chamillart n'avoit obéi à l'ordre de ſe charger du Contrôle général qu'en honnête homme, qui préfère l'intérêt de ſon Maître & de ſes concitoyens à l'éclat de ſa fortune ; ſa probité & ſon application méritoient des circonſtances moins épineuſes ; mais preſſé dès ſon arrivée au Miniſtere par les maux déja faits, & peu de tems après par une guerre encore plus terrible que celle qu'on venoit d'eſſuyer, il n'eut preſque pas le choix des moyens.

Il continua les rembourſemens annoncés des augmentations de gages au denier dix-huit, attribuées aux Officiers des Compagnies ſupérieures & autres,

par

par les Edits d'Octobre 1683 , Mars
1684 , Juillet 1689 , Décembre 1691
& Septembre 1692.

Il paſſa le 10 Novembre le bail de
la Ferme des poudres & du traité du
menu plomb pour ſix années , moyennant une ſomme d'un million comptant,
& de quarante-huit mille livres par an.
Le 22 du même mois cette Ferme fut
jointe à celle du Contrôle des actes des
Notaires , petits ſceaux , amortiſſemens,
francs-fiefs , nouveaux acquêts , pour
la ſomme de dix-neuf cent mille livres
payables annuellement de quartier en
quartier.

Le 8 de Décembre furent affermés
pour ſix années les revenus & émolumens des Greffes aliénés , enſemble
les trois quarts des droits de la ſigna-
ture des Greffiers en chef du Châtelet
de Paris , ci-devant réunis au Domaine,
& des droits des petits ſceaux du Châtelet , moyennant la ſomme de ſept cent
ſoixante-dix mille livres.

A N N É E 1700.

L'année ſuivante commença par une
diminution de monnoies , prélude ſiniſ-
tre pendant vingt-ſix ans d'une nouvel.

le refonte ! Les louis d'or réformés furent réduits à 13 livres 15 sols, & les
écus à 3 livres 11-sols ; au premier Février à 13 livres 10 sols & 3 livres 10
sols ; au premier Avril à 13 livres 5 sols
& à 3 livres 9 sols ; au premier Juin à
13 livres & à 3 livres 8 sols ; au premier
Janvier 1701 à 13 liv. 15 sols & 3 liv.
7 sols. Quoique ces diminutions bor-
nassent le profit de la refonte, elles ne
procurerent cependant pas grand travail aux Monnoies : le billonage étoit
encore trop avantageux.

Le bail des Gabelles fut augmenté
de deux cent mille livres par la réunion
de vingt sols par minot de sel ci-devant
attribués aux Officiers des Greniers ,
remboursés suivant la liquidation ordonnée en 1699.

Les sommes nécessaires pour rembourser les augmentations de gages héréditaires aux Officiers des Cours supérieures & autres, au denier quatorze,
seize & dix-huit, ne s'étant pas trouvées , on créa six cent mille livres d'augmentations de gages au denier vingt ,
pour remplacer ceux qu'on avoit supprimés à un denier plus bas.

On fit trois Traités, sçavoir, un supplément de finance sur les Receveurs ,

Contrôleurs & Commis des Consignations, Receveurs des Epices & Vacations dans la Province de Bretagne, 300000 livres ; net . . . .

     liv. f. d.

    270000

Finance des Offices de Priseurs Nobles Voyers , Experts & Greffiers de l'écritoire, 286497 liv. net .

    257848

Résultat pour le recouvrement des droits d'amortissement & nouveaux acquêts sur les biens ecclésiastiques & pour la jouissance de la Ferme de ces droits pendant quatre années, 4000000 livres ; net ..

    3333333 6 8
    3861181 6 8

Au moyen de ce dernier Traité , la Ferme des poudres & du Contrôle des actes des Notaires , qui y étoit jointe , se trouva réduite à 1500000 livres.

Au mois de Janvier 1700 , il fut créé sur les Postes , 400000 livres

	liv.	f.	d.
De l'autre part.	3861181	6	8

de rentes ; mais le Pu-
plic n'ayant pas de con-
fiance dans cette bran-
che du revenu , cette
conftitution fut rem-
placée au mois d'Octo-
bre par une autre fur
les Aides & Gabelles
de 850000 livres de
rentes au denier vingt
au principal de 17000000

Une Charge d'Inten-
dant des Finances 400000

Les deux Gardes du
Tréfor Royal payerent
pour augmentation de
80000 livres de rente
& de taxations 1201533

Les Receveurs Gé-
néraux 1000000

| Total. . . . | 23462714 | 6 | 8 |

Je tranfcrirai ici avec quelque détail
les revenus de cette année , parce que
je n'en ai pû recouvrer d'autre pendant
le cours de ce Miniftere.

Le produit des impofitions générales

fut de cent dix-neuf millions deux cent
quarante-un mille trente-neuf livres ;
les charges & diminutions, de cinquante millions cent quatre-vingt dix-neuf
mille trois cent vingt-huit livres ; & les
parties du Trésor Royal de soixante-
neuf millions quarante-un mille sept
cent onze livres.

Sur le Bail des poudres une fois payé
un million.

Emprunts & affaires extraordinaires,
vingt-trois millions quatre cent soixante-deux mille sept cent-quatorze livres
six sols huit deniers.

Le total des revenus fut de quatre-
vingt-treize millions cinq cent quatre
mille quatre cent vingt-cinq livres six
sols huit deniers ; sur quoi il fut em-
prunté par loterie cinq millions de livres.

La dépense monta à cent seize millions cent quarante-cinq mille trois cent
soixante & dix livres : ainsi il fut dépensé sur les fonds des traités précédens, dix-sept millions six cent quarante mille neuf cent quarante-cinq livres ; ce qui forme déja un emploi
considérable sur l'excédent de recette
trouvé en 1699.

La Loterie Royale étoit de quatre

cent mille billets de deux louis d'or chacun, pour la valeur desquels il fut constitué cinq cent mille livres de rentes viageres, avec une distribution de quatre cent quatre-vingt-cinq lots en argent.

Les idées sur le Commerce & les Manufactures se réchaufferent : mais l'exécution ne fut pas toujours heureuse.

Par exemple, le Reglement du 30 Mars porte que « contre l'intention de » l'établissement, les Fabriquans de Bas » font sur leurs métiers des ouvrages » très-grossiers & qu'ils y employent » des laines d'une qualité très-inférieu-» re ; qu'il est à craindre que la multi-» plication & le progrès de ladite fabri-» que ne causent la ruine entiere de la » fabrique des bas au tricot ; en con-» séquence il est ordonné, que le tra-» vail du métier sera resserré dans des » bornes convenables, & reglé de la » maniere la plus propre à perfection-» ner les ouvrages » ; c'est-à dire, que les Etrangers qui consommoient des bas grossiers faits au métier, seroient obligés de s'en pourvoir ailleurs. Voilà l'effet de ces maximes spéculatives, qui ne sont pas encore totalement dissipées parmi nous, & d'après lesquelles on

RECAPITULATION

s REVENUS ET DES CHARGES en 1700.

	liv.	liv.
s.	4500000	1635891
de France, Aides & cinq groffes		
s.	48726750	30205971
ation des Gabelles de France	200000	
de Provence & Dauphiné.	2350000	671621
anguedoc & Rouffillon	2780000	1037931
. . . .	2800000	1040142
-taux & Quarantieme de Lyon . . .	340000	
a Tabac	1500000	155318
e d'Occident	550000	192261
es Poudres, du Contrôle des Actes,		
. . . .	1500000	
a Contrôle des Bans de Mariages . . .	30000	
es Domaines réunis	600000	
générales des Pays d'Election	30727447	12812242
Pays d'Etats	4022458	1725404
tuits des Pays d'Etats	8141715	101208
. . . .	2245127	621339
cafuels	3740726	
. . . .	1062036	
z fecondes Parties	3424780	
	119241039	50199328

Net. . . . 69041711

voudroit établir une prétendue balance
entre chaque ouvrage. Il fut réellement
défendu d'établir de nouveaux métiers,
& pris de très-bonnes précautions pour
qu'il s'en fît le moins qu'il seroit possible. Le nombre des fils fut ensuite reglé, de maniere qu'il n'étoit permis
dans chaque espece de faire des bas que
d'une qualité. Les ouvriers ne laisserent
pas de fabriquer de la maniere la plus
avantageuse à leur débit & la plus con-
forme à la demande. Ce fut une matiere éternelle de discussions, de saisies,
jusqu'à ce qu'enfin il fut reglé le 30
Août 1716 : *Que les Ouvriers & les Né-*
gocians seroient entendus, pour sçavoir ce
qu'il convient de statuer par rapport à la
consommation du dedans du Royaume ,
& au Commerce étranger. Tel est le vrai
principe : car la Loi ne peut accroître
le nombre des brins ou le poids sans
hausser le prix. C'est un fait connu, que
les trois quarts de ce qui se consomme
de bas dans toute l'Amérique & dans
d'autres pays, sont ce que bien des gens
appellent de mauvais bas, & que l'on
n'y vend point les bons.

Un autre Edit d'une conséquence
bien funeste, défendit de porter aux
Etrangers aucuns fils écrus ou blanchis,

lins, filasses, chanvres de la Province
de Bretagne. Pareille prohibition avoit
été faite en 1687, mais elle n'eut point
alors d'exécution : celle-ci fut mieux
obéie, parce que l'on prit de plus grandes précautions. Nous vendions alors
à ces Etrangers beaucoup de chanvres
surabondans, & nos Manufactures même de toiles à voiles étoient en bon
état. Depuis la défense de sortir des
chanvres, la culture diminua d'année
en année; nous avons été obligés d'a-
cheter de la seconde main des chanvres du Nord, de ces mêmes Etrangers
qui achetoient les nôtres par préférence. Ils ont augmenté leurs Manufactures, ils nous vendent aujourd'hui des
cables & des toiles à voiles. Cela devoit arriver : puisque le retranchement
de la concurrence diminuoit le profit
de la culture du chanvre, il falloit qu'elle
tombât dans la même proportion; le
seul remede peut-être seroit d'annoncer, un ou deux ans à l'avance, la permission de les sortir lorsqu'ils seroient
dans le Commerce à un certain prix,
& la prohibition absolue d'en apporter
d'autres que de nos Colonies.

Les lumieres étoient alors si bornées
sur le Commerce, qu'il seroit injuste

de

de reprocher ces fautes à ceux qui n'y
avoient de part que de les autorifer.
Les principes feuls peuvent guider un
Miniftre dans de femblables détails ; &
la confiance qu'il accorde aux fubalter-
nes chargés de les difcuter, eft toujours
la marque de fa bonne volonté. M. de
Chamillart fentit bien qu'il avoit befoin
d'être fecondé dans cette partie , &
qu'il ne pouvoit trouver des avis plus
fûrs & plus fideles que chez des Négocians habiles. Il forma un Confeil de
Commerce permanent ; & cet établiffement, dont l'Etat a tiré tant de fecours,
fera toujours d'autant plus honorable à
fa mémoire, qu'il fit une grande impref-
fion fur l'efprit des Etrangers : voici
l'Edit de création.

« Le Roi ayant connu dans tous les
» tems de quelle importance il étoit au
» bien de l'Etat de favorifer & de pro-
» téger le Commerce de fes Sujets, tant
» au-dedans qu'au-dehors du Royaume,
» Sa Majefté auroit à diverfes fois don-
» né plufieurs Edits , Ordonnances,
» Déclarations & Arrêts, & fait plu-
» fieurs Réglemens utiles fur cette ma-
» tiere : mais les guerres qui font fur-
» venues, & la multitude de foins in-
» difpenfables dont Sa Majefté a été

» occupée jufqu'à la conclufion de la
» derniere paix, ne lui ayant pas per-
» mis de continuer cette même appli-
» cation; & Sa Majefté voulant plus
» que jamais accorder une protection
» particuliere au Commerce, marquer
» l'eftime qu'elle fait des bons Mar-
» chands & Négocians de fon Royau-
» me, leur faciliter les moyens de faire
» fleurir & d'étendre le Commerce;
» Sa Majefté a cru que rien ne feroit
» plus capable de produire cet effet,
» que de former un Confeil de Com-
» merce, uniquement attentif à con-
» noître & à procurer tout ce qui pour-
» roit être de plus avantageux au Com-
» merce & aux Manufactures du Royau-
» me. A quoi Sa Majefté defirant pour-
» voir, ouï le rapport du fieur Chamil-
» lart, Confeiller ordinaire au Confeil
» Royal, Contrôleur général des Fi-
» nances, LE ROI étant en fon Confeil,
» a ordonné & ordonne, qu'il fera tenu
» à l'avenir un Confeil de Commerce
» une fois au moins dans chaque femai-
» ne, lequel fera compofé du fieur Da-
» gueffeau, Confeiller d'Etat ordinaire;
» & au Confeil Royal des Finances; du
» fieur Chamillart, Confeiller audit
» Confeil Royal & Contrôleur général
» des Finances; du fieur Comte de Pont

» chartrain, Conseiller du Roi en tous
» ses Conseils, Secrétaire d'Etat & des
» Commandemens de Sa Majesté, & du
» sieur Amelot, Conseiller d'Etat ; des
» sieurs de Hernothon & Bauyn d'Anger-
» villiers, Conseillers de Sa Majesté en ses
» Conseils, Maîtres des Requêtes ordi-
» naires de son Hôtel, & de douze princi-
» paux Marchands Négocians du Royau-
» me, ou qui auront fait long-tems le
» Commerce : que dans ce nombre de
» douze Marchands Négocians, il y en
» aura toujours deux de la ville de Pa-
» ris, & que chacun des dix autres sera
» pris des villes de Rouen, Bordeaux,
» Lyon, Marseille, la Rochelle, Nan-
» tes, Saint-Malo, Lille, Bayonne &
» Dunkerque : que dans ledit Conseil
» de Commerce seront discutées &
» examinées toutes les propositions &
» Mémoires qui y seront envoyés, en-
» semble les affaires & difficultés qui
» surviendront concernant le Commer-
» ce tant de terre que de mer, au-de-
» dans & au-dehors du Royaume, &
» concernant les Fabriques & Manufac-
» tures ; pour sur le rapport qui sera fait
» à Sa Majesté des délibérations qui
» auront été prises dans ledit Con-
» seil de Commerce, y être par Elle

P ij

» pourvû ainsi qu'il appartiendra. Veut
» & entend Sa Majesté, que le choix &
» nomination desdits Marchands Négo-
» cians qui devront entrer dans ledit
» Conseil de Commerce, se fasse libre-
» ment & sans brigue par le Corps de
» Ville & par les Marchands Négocians
» en chacune desdites villes : que ceux
» qui seront choisis pour être dudit Con-
» seil de Commerce soient gens d'une
» probité reconnue, & de capacité &
» expérience au fait de Commerce ; &
» qu'à cet effet les Corps de Ville & les
» Marchands Négocians des villes ci-
» dessus marquées, s'assembleront dans
» le mois de Juillet prochain, dans les
» Hôtels de chacune desdites villes ,
» pour procéder à ladite élection ; en-
» sorte que les Marchands Négocians
» ainsi élus & nommés, se puissent met-
» tre en état d'arriver à Paris, ou à la
» suite de la Cour , à la fin du mois de
» Septembre suivant, pour commencer
» leurs fonctions au premier jour d'Oc-
» tobre ; que lesdites élections seront
» faites pour une année seulement, &
» seront renouvellées d'année en année
» dans la forme ci-dessus marquée, sauf
» à prolonger le tems du service dans
» ledit Conseil, s'il est ainsi jugé à pro-
» pos. Ordonne Sa Majesté qu'il sera

» nommé par le sieur Contrôleur géné-
» ral des Finances, deux intéressés aux
» Fermes de Sa Majesté, pour être ap-
» pellés audit Conseil, lorsque la na-
» ture des affaires le demandera : &
» pour Secrétaire dudit Conseil de
» Commerce, Sa Majesté a nommé le
» sieur Cruau de la Boulaye, Conseil-
» ler du Roi, Correcteur ordinaire en
» la Chambre des Comptes, lequel aura
» soin de tenir un Registre exact de tou-
» tes les propositions, Mémoires & af-
» faires qui seront portées audit Con-
» seil, ensemble des délibérations qui
» y seront prises, desquelles il délivrera
» les expéditions suivant qu'il sera or-
» donné par ledit Conseil ».

Rien n'eût manqué à cet établissement, si les matieres d'agriculture eussent entré dans son plan : que d'hommes
& de richesses ne nous eût-il pas conservé ! au lieu que personne n'a parlé
pour elle.

Que n'avons-nous plus souvent à
nous occuper de semblables objets ! Ils
répandroient plus de chaleur & d'intérêt dans la lecture de cet Ouvrage : cependant quelles que soient les matieres,
tâchons de le rendre utile.

L'effet des taxes extraordinaires n'a-

voit pas été feulement de fatiguer les
Peuples ; les fortunes immenfes & ra-
pides qu'elles avoient élevées parmi les
gens d'affaires, introduifirent un luxe
dont l'imitation ridicule devenoit une
efpece de charge nouvelle pour le Public. Quelle que foit la folie de ces imi-
tateurs d'un fafte difproportionné à
leurs facultés, elle ne laiffe pas d'avoir
autant d'empire que la raifon même,
à mefure qu'elle fe répand davantage.
Ce principe d'imitation eft devenu général dans tous les tems & dans tous
les Pays , lorfqu'un certain nombre
d'hommes fans induftrie ont trouvé le
fecret d'accumuler promptement de
grands tréfors. Ce qui n'eft point acquis avec peine, fe dépenfe avec oftentation ; & l'oftentation eft le char-
me des ames vulgaires. On ne fe trouve
plus affez diftingué par fon état, par fa
naiffance, par fa vertu ; on veut l'être
encore par cet éclat frivole qui réjouit
les yeux d'autrui. Pour fatisfaire aux
befoins mal-entendus d'une vanité pué-
rile, on commence par retrancher fur
ce qui contribue au bien-être réel, à la
fatisfaction intérieure ; l'économie s'é-
tend même quelquefois fur le néceffaire, mais il eft peu d'épargnes à faire fur

les befoins preſſans. Cette induſtrie une fois épuiſée, l'orgueil & le deſeſpoir en fuggerent d'autres ; mais ſi leurs conſeils ne ſont pas toujours ſûrs, il eſt encore plus rare qu'ils ſoient innocens. Les mœurs générales viennent à ſe corrompre, & nulle Nation n'a encore pû ſe ſoutenir ſans mœurs : parce que les Loix ſe trouvent impuiſſantes, parce que l'eſprit public manque ; cet eſprit qui met ſeul de la chaleur & du zele dans l'exécution des devoirs.

Les Légiſlateurs ont ſouvent tenté de réprimer ces pernicieux excès ; ils ont cru remonter à la ſource du mal & détruire l'imitation en détruiſant ſon objet ; c'eſt ce qu'on fit en cette occaſion. Les Hiſtoires ſont remplies d'époques de loix ſomptuaires, & aucune n'a encore tranſmis juſqu'à nous la mémoire de leur ſuccès. Quel peut-il être après tout ? Sous le regne du luxe d'imitation, la plus grande partie du Peuple eſt pauvre ; & ſi ce luxe ne lui rendoit par ſes conſommations quelques moyens de ſubſiſter, il ſeroit bientôt réduit à la derniere miſere, au découragement. Arrêter les profuſions, ce ſeroit vouloir fermer les canaux par leſquels la ſubſtance du Peuple peut lui retourner,

quoique d'une maniere lente & inégale.
Dans les maladies du Corps politique,
comme dans celles du Corps humain,
le grand art de guérir est de bien saisir
les véritables causes. Que nul homme
dans l'Etat ne puisse gagner immensé-
ment sans procurer des avantages aux
autres, les abus dont on se plaint ne
subsisteront pas long-tems : au luxe d'é-
clat, à ce luxe qui corrompt les mœurs
en inspirant l'avidité, succédera un luxe
solide & proportionnel produit par l'aisance nationale ; un plus grand nombre
de pauvres seront employés ; une plus
grande quantité de nouvelles valeurs
seront apportées dans le Commerce par
les Cultivateurs & les Artisans : les ré-
compenses du Prince seront appréciées
à leur juste valeur ; il sera plus désira-
ble d'être considéré que d'être riche ;
les services ou les talens seront plus utiles que l'intrigue ; les véritables riches
de l'Etat seront les propriétaires des
terres.

ANNÉE 1701.

On continua en 1701 de protéger le
Commerce : il fut déclaré de nouveau
que le Commerce en gros ne dérogeoit
point : il est difficile de s'exprimer dans

un plus grand détail. « Voulons & nous
» plaît, dit Sa Majesté, que tous nos Su-
» jets Nobles par extraction, par Charges
» ou autrement, excepté ceux qui sont
» actuellement revêtus de Charges de
» Magistrature, puissent faire librement
» toute sorte de Commerce en gros,
» tant au-dedans qu'au-dehors du Royau-
» me, pour leur compte, ou par com-
» mission, sans déroger à leur noblesse.
» Voulons & entendons que les Nobles,
» qui feront le Commerce en gros, con-
» tinuent de précéder en toutes les As-
» semblées générales & particulieres,
» les autres Négocians, & jouissent des
» mêmes exemptions & priviléges at-
» tribués à leur noblesse, dont ils jouis-
» soient avant que de faire le Commer-
» ce ; permettons à ceux qui font le
» Commerce en gros seulement, de
» posséder des Charges de nos Con-
» seillers Secrétaires, Maison, Couron-
» ne de France & de nos Finances, &
» de continuer en même tems le Com-
» merce en gros, sans avoir besoin pour
» cela d'Arrêt ni de Lettres de compa-
» tibilité. Seront censés & réputés Mar-
» chands & Négocians en gros tous
» ceux qui feront leur Commerce en
» magasin, vendant leurs marchandises

» par balles, caiſſes ou pieces entieres,
» & qui n'auront point de boutiques
» ouvertes, ni aucun étalage ni enſei-
» gnement à leurs portes ou maiſons.
» Voulons que dans les Villes du Royau-
» me où juſqu'à préſent il n'a pas été
» permis de négocier & faire trafic ſans
» être reçu dans quelque Corps de Mar-
» chands, il ſoit libre aux Nobles de
» négocier en gros, ſans être obligés
» de ſe faire recevoir dans aucun Corps
» de Marchands, ni de juſtifier d'aucun
» apprentiſſage; & afin que les familles
» des Marchands ou Négocians en gros,
» tant par mer que par terre, ſoient
» connues pour jouir des prérogatives
» qui leur ſont attribuées par ces pré-
» ſentes; & pour recevoir les marques
» de diſtinction que nous jugerons à
» propos de leur accorder, nous vou-
» lons que ceux de nos Sujets qui s'a-
» donneront au Commerce en gros,
» ſoient tenus à l'avenir de faire inſ-
» crire leurs noms dans un tableau,
» qui ſera mis à cet effet dans la Juriſ-
» diction Conſulaire de la Ville de leur
» demeure, & dans les Chambres par-
» ticulieres de Commerce, qui ſeront ci-
» après établies dans pluſieurs Villes de
» notre Royaume. Voulons & entendons

» pareillement, que dans les Provinces,
» Villes & lieux où les Avocats, Méde-
» cins, & autres principaux Bourgeois
» font admis aux Charges de Maire,
» Echevins, Capitouls, Jurats & Pre-
» miers Confuls, ceux des Marchands
» qui feront le Commerce en gros puif-
» fent être élus concurremment auxdites
» Charges, nonobftant tous Statuts,
» Réglemens & ufages contraires, aux-
» quels nous avons expreffément déro-
» gé & dérogeons par ces préfentes.
» Entendons pareillement que les Mar-
» chands en gros puiffent être élus Con-
» fuls, Juges, Prieurs & Préfidens de
» la Jurifdiction Confulaire, ainfi que
» les Marchands reçus dans les Corps
» & Communautés des Marchands qui
» fe trouvent établis dans plufieurs Vil-
» les & lieux du Royaume. Voulons
» auffi que le Chef de chaque Jurifdic-
» tion Confulaire, de quelque nom
» qu'il foit appellé, foit exempt de loge-
» ment de gens de guerre, de guet & gar-
» de, pendant le tems de fon exercice ;
» & pour conferver autant qu'il eft en
» nous la probité & la bonne foi dans
» une profeffion auffi utile à l'Etat,
» nous déclarons déchus des honneurs
» & prérogatives ci-deffus accordées,

» ceux des Marchands & Négocians en
» gros, aussi-bien que les autres Mar-
» chands, qui auront fait faillite, pris
» des Lettres de répit, ou fait des Con-
» trats d'attermoyement avec leurs
» Créanciers ».

La Compagnie de Guinée ne satis-
faisant point à ses engagemens, son privilége lui fut retiré, & accordé à huit
Négocians. Le Traité de l'Assiente con-
clu cette même année pour la fourni-
ture des Négres dans les Colonies Es-
pagnoles, étoit trop lucratif pour ne
pas nuire à celle de nos Colonies ; &
si cet exclusif contribua à l'augmentation de nos richesses, ce fut par un accident étranger. Le Traité de l'Assiente
ne pouvoit être qu'un Contrat exclusif, & nous n'étions pas les maîtres
d'en disposer autrement : mais nous
eussions été enrichis de deux manieres,
si le Commerce de Guinée pour le service de nos Colonies eût été rendu
libre.

Cette année offre une preuve des
fruits de la concurrence ; on reçut les
premiers retours des Vaisseaux que
quelques particuliers avoient obtenu la
permission d'envoyer à la Chine dès
1698, sous le nom de la Compagnie de

Jourdan : leur cargaison étoit si riche
qu'elle donna les plus grandes espérances, pendant que la Compagnie des
Indes presque obérée n'eut de ressource
que dans un prêt de huit cent cinquante mille livres que lui fit Sa Majesté.
Quel avantage n'avoit pas la Compagnie cependant ? Elle gardoit pour elle
la gratification de cinquante livres par
tonneau accordée par le Roi ; elle prenoit quinze pour cent sur la valeur des
retours sans aucune déduction.

La concurrence ne suffiroit pas toujours seule au Commerce, si la protection du Gouvernement ne venoit à son
secours. Les Fermiers s'étoient ingérés
d'interpréter à l'égard de nos fabriques
le tarif de 1667, établi contre les manufactures étrangeres. De leur autorité
privée, ils percevoient depuis long-
tems douze livres par cent de poil de
chevre entrant dans le Royaume, au
lieu de douze sols que prescrivoit le
tarif de 1664. Cette exaction fut ré-
primée : tous les droits de sortie furent
supprimés sur les étoffes de soye, d'or
& d'argent, sur les papiers, cartes,
cartons & cartes à jouer : les droits
furent diminués de moitié sur les étoffes de laine, de fil & de coton. On a

été obligé successivement de supprimer le reste de ces droits ; & si on l'eût
fait plutôt, on eût dès-lors ressenti les
bons effets de cette methode, peut-être
même avec plus d'avantage. Les motifs de Sa Majesté sont remarquables.
» Voulant procurer plus d'occupation
» & de travail aux Ouvriers, Elle a
» fait examiner dans le Conseil de Com-
» merce ce qui seroit le plus propre à
» faciliter le transport dans les Pays
» étrangers, des différentes sortes de
» marchandises qui se fabriquent en
» France. Elle déclare avoir reconnu
» *que les exemptions de droits, bien loin*
» *d'être préjudiciables aux Fermes, procu-*
» *reroient au contraire un plus grand pro-*
» *duit des droits desdites Fermes ; d'au-*
» *tant que la grande quantité des mar-*
» *chandises qui sortiroient pour les Pays*
» *étrangers, au moyen de l'exemption des*
» *droits de sortie, donneroit lieu à une*
» *plus grande consommation de matieres,*
» *dont le produit des droits d'entrée aug-*
» *menteroit considérablement, & dédom-*
» *mageroit plus que suffisamment lesdites*
» *Fermes, des droits de sortie retran-*
» *chés.*

La défense de saisir pour dettes les
bestiaux donnés à cheptel, fut aussi

continuée pour six ans : mais la guerre
& les malheurs que la France éprouva,
anéantirent l'influence de ces sages Réglemens.

Il fallut recourir aux moyens extraordinaires, & faire pour le payement
des charges un fonds annuel de vingt-
sept à vingt-huit millions de plus qu'on
n'en eût eu besoin en 1683.

Les Traitans des affaires extraordinaires depuis 1689 furent taxés au Conseil à vingt-quatre millions. Le détail de
leurs gains suivant cet état étoit de
soixante - quatorze millions cinq cent
quarante-quatre mille sept cent dix livres, sans compter les deux sols pour
livre en dehors, qui faisoient un objet
de trente-deux millions neuf cent soixante - neuf mille cent cinquante - une
livres ; total, cent sept millions cinq
cent treize mille huit cent soixante-une
livres.

RECAPITULATION du gain des Traitans.

Sur la remife du fixieme fans gages aux Officiers 26749866

Sur la remife de deux fols en-dedans fans gages. . . . 5995450

Sur les Offices de Judicature 1276711

Sur la réunion du fixieme avec gages. 32751200

Sur la remife de deux fols en-dedans avec gages . . . 7999290

Sur les augmentations de gages héréditaires. 540000

Sur les gages par augmentation 132193

} 74544710 liv.

Le

Le Roi avoit retiré net des mêmes affaires, sans compter la jouissance des gages, trois cent vingt - neuf millions six cent quatre - vingt onze mille cinq cent treize livres.

Quoique cette taxe fût juste & modérée, la circonstance n'y étoit pas propre. C'est seulement lorsqu'on a pris une ferme résolution de se passer des Traitans, & lorsqu'on en sçait les moyens, qu'il est permis de reclamer contre le prix excessif qu'ils ont mis à leur argent pendant les nécessités publiques. Ils trouverent le secret de se dédommager amplement de ce leger sacrifice.

La Capitation fut remise ; mais comme elle ne suffisoit pas pour payer même la moitié des charges, d'autres expédiens devenoient nécessaires : une fausse pitié pour le Peuple lui prépara de nouveaux malheurs. On craignit de l'excéder, & malgré l'expérience funeste des dernieres années, on s'engagea dans la même route. Lorsque tout fut desespéré, on imposa le dixieme, qui ne rendit pas autant que si l'on n'eût pas attendu la ruine des campagnes, & dont les nouvelles charges consommoient la plus grande partie. Dans le principe, il n'eût tombé que sur le riche; & lorsqu'il n'y eut plus de riches, lorsque les consommations furent anéanties par l'impuissance où les laboureurs étoient de payer leurs Fermes, le dixieme devint une surcharge générale.

Affaires extraordinaires par Traités.

Supplément de Finance des Lieutenans Généraux, Procureurs du Roi, Greffiers, Huissiers Audienciers & Commissaires de Police, avec exemptions de tailles, subsides, franc-salé, &c. & pour la confirmation de l'hérédité par les pourvûs d'Offices héréditaires, 4200000 livres, net. . . . . 3780000 liv.

Tréforiers Receveurs & Payeurs des deniers communs dans chacun des Corps & Communautés du Royaume;

liv. f. d.

De l'autre part. 3780000

800000 liv. net. . . . 720000

Offices de Barbiers à Paris & dans les Provinces ; réfultats de 1701 à 1705 , 350000 liv. net. 291999 13 4

Offices de Rece-veurs généraux & particuliers des de-niers deftinés pour l'entretien des boues & lanternes , & de quarteniers dans l'Hô-tel-de-Ville de Paris ; réfultat 300000 liv. net. 270000

Supplément de Fi-nance des Officiers des Elections &autres acquéreurs & pro-priétaires de treize fols fix deniers fur chaque minot de fel , tant pour être confir-més en la jouiffance dudit droit, que pour jouir d'un fol fix de-

5061999 13 4

Q ij

liv. f. d.

5061999 13 4

niers d'augmenta-
tion ; 1400000 liv.
net. 1260000

Offices d'Audien-
ciers Contrôleurs &
Secrétaires des Chan-
celleries par augmen-
tation & réunion des
Offices de la Chan-
cellerie près la Cour
des Aides à ceux
près le Parlement de
Rouen, avec 60000
livres d'augmentation
de gages ; réfultats
de 1701 à 1704,
3100000 liv. net. . . . 2583333 6 8

Offices des Maires
& Affeffeurs avec
exemption de tailles,
uftenfiles, &c. Eche-
vins perpétuels, Ca-
pitouls & Jurats, &
Concierges Garde-
meubles des Hôtels-
de-Ville, avec attri-
bution de 120000 liv.

8905333

liv. f. d.

De l'autre part. 8905333

de gages effectifs , exemptions de tailles , milice , &c. réfultat de 1701 à 1704, 5650000 liv. net. 4708333 6 8

Offices de Confeillers du Roi Elûs, Contrôleurs des tailles , avec attribution de 20000 livres de gages; réfultat 1800000 livres , net 1620000

Trois deniers pour livre de taxations attribués aux Grands-Maîtres des Eaux & Forêts ; fix deniers pour livre aux Officiers des Maîtrifes particulieres & 20000 livres d'augmentations de gages ; Offices de Receveurs particuliers des bois dans les Maîtrifes particulieres, avec trois deniers pour livre de taxa-

15233666 6 8

	liv.	f.	d.
De l'autre part	15233666	6	8
tions & 30000 livres d'augmentation de gages & exemption de tailles, &c. réfultat 1800000 liv. net	1500000		
Offices de Receveurs généraux alternatifs & mitriennaux desDomaines & bois, avec attribution de cinq fols par livre du produit de tous les droits cafuels en entier; réfultat 1000000 livres, net	900000		
	17633666	6	8

Affaires extraordinaires fans Traités.

	liv.	f.	d.
Août 500000 livres d'augmentation de gages héréditaires au denier dix-huit aux Officiers des Cours & autres, pour être admis à payer l'annuel.	9000000		
Octobre 83333 livres 6 fols 8 deniers			
	26633666	6	8

	liv.	f.	d.
De l'autre part.	26633666	6	8

d'augmentation de gages au denier dix-huit aux Officiers des Bureaux des Finances, pour être admis au payement de l'annuel. 2000000

Novembre 300000 liv. d'augmentation de gages en faveur des Officiers au den. dix-huit, avec permiſſion à tous particuliers de les acquérir. 5400000

Décembre. Création de 100000 livres de gages au denier vingt ſur les Fermes générales, avec faculté à tous de les acquérir 2000000

Autre création de même genre au denier dix-huit 1800000

| | 37833666 | 6 | 8 |

500000 livres de rentes viageres au de-

liv. f. d.

De l'autre part. 37833666 6 8

nier dix 5000000

42833666 6 8

Deux Tréforiers des Invalides avec 23000 livres de gages & 3000 livres de taxations & frais de Commis ; chacun . . 600000

Deux Offices de Directeurs des Finances avec 80000 livres de gages chacun . . . 1600000

Trois Tréforiers de l'Extraodinaire des Guerres 3600000

Tréforiers de divers Corps qui compofent la Maifon du Roi 2684000

Des Payeurs des rentes . . . 2510000

Des Traitans . . . 24000000

77827666 6 8

Nouvelles Fermes. 4 Octobre 1701.

Bail des droits fur les cartes à jouer, à cent cinquante mille livres pour la première

premiere année, & à deux cent mille
livres pour les quatre dernieres. Un
mois après il y fut joint le droit de vente exclufive de la glace & de la neige
dans la Généralité de Paris, pour dix
mille livres d'augmentation.

Pareil privilége fut accordé à perpétuité dans le refte du Royaume moyennant trois cent mille livres payés comptant, & vingt mille livres de Ferme annuelle. L'ufage de la neige & de la
glace en été eft de pur luxe fans contredit ; mais pour de fix minces objets per-
mettre d'établir des Commis & des Régies, c'eft s'occuper peu de l'emploi
des hommes & du repos de la Société.

Par Edit du mois de Septembre 1701
il fut ordonné une nouvelle réforme ;
les louis d'or de nouvelle fabrication
furent portés à quatorze francs ; & les
écus à trois livres feize fols. Les efpeces
non réformées, quoique de même poids
& de même titre, furent évaluées, fçavoir, les louis d'or à treize livres, & les
écus à trois livres dix fols jufqu'au 20
Novembre. Elles avoient été réduites
au mois de Juin, fçavoir les louis d'or
à douze livres, & les écus à trois livres
cinq fols. Cette derniere augmentation
eut pour objet de diminuer le profit du

billonage ; mais il y en avoit encore
affez pour le favorifer, & c'étoit compter un peu trop fur l'ignorance publique de demander aux particuliers pour
treize livres ce qui d'un coup de balan-
cier leur feroit eftimé vingt fols de plus.
Cette refonte apporta encore un autre
dérangement dans les monnoies, en ce
quelle baiffoit la proportion de l'or à
l'argent ; ce qui peut être d'une grande
conféquence relativement à la proportion qu'obfervent les autres Etats. Car
fi les autres Nations eftiment l'or quinze fois plus que l'argent, & que dans un
Etat particulier on eftime feulement l'or
quatorze fois plus que l'argent, on y ap-
portera de l'argent qui fera échangé
contre l'or, jufqu'à ce qu'il n'y en ait
plus. Avant que d'arriver à cette extrémité, on fera forcé de fe rapprocher
de la proportion des autres Peuples, &
l'Etat qui a fuivi cette mauvaife proportion fera appauvri, relativement à fes
voifins, du quinzieme de l'or qu'il aura
échangé avec l'argent.

Cependant alors cette nouvelle proportion, qui de quinze & deux tiers
devenoit quinze en faveur de l'argent,
ne fit point de mal ; parce que notre
principal Commerce fe bornant avec

l'Espagne qui paye plus en argent qu'en or , cette facilité réparoit en quelque chose l'inconvénient de la réforme , & diminuoit l'avantage que les Négocians eussent trouvé à faire passer leurs piastres aux Etrangers. La réforme dura deux ans , pendant lesquels il fut monnoyé pour trois cent vingt-un millions cinq cent mille livres ; sur lesquels le Roi gagnoit le onzieme environ , ou vingt-neuf millions deux cent vingt-sept mille deux cent soixante-douze livres , surquoi il falloit déduire les frais de la fabrication. Il y eut par conséquent au moins pour deux cent cinquante millions de billonage ; par conséquent , malgré l'expédient de baisser la proportion en faveur de l'argent , l'Etranger gagna environ vingt-deux millions sur nous. Cette réforme fut encore accompagnée d'un autre évenement remarquable ; la fabrication n'allant pas vîte, & le Roi n'ayant pas de fonds prêts pour payer les matieres , le Directeur des Monnoies donnoit ses billets à termes. L'exactitude avec laquelle on les acquitta pendant ces deux années , accoutuma le Puplic à les négocier comme des lettres de change : nous en verrons les suites en 1704.

Le Clergé paya cette année quinze cent mille livres, & s'engagea à payer quatre millions pendant chacune des huit années suivantes pour la capitation.

Les dépenses de cette année montoient à cent quarante-six millions trois cent quatre-vingt-seize mille quatre cent soixante-dix neuf livres.

ANNÉE 1702.

Les Finances continuerent d'être régies sur le même plan en 1702.

Affaires extraordinaires par Traités.

Offices de Commissaires aux Inventaires & Greffiers dans tout le Royaume, excepté la Ville de Paris, & les Provinces de Normandie & Bretagne ; résultat 600000 livres; net .   500000 liv.

Offices de Syndics perpétuels & Commissaires des Tailles ; affranchissemens des Tailles personnelles,

liv. f. d.

De l'autre part   500000

& augmentations de
gages attribués aux
Officiers des Préfi-
diaux , Elections ,
Greniers à fel , &c.
pour être exempts de
Tailles à perpétuité ;
réfultat 13500000 li-
vres ; net 11250000

Augmentations de
gages aux Officiers fi-
tués dans les pays
d'Etats ; réfultat de
800000 livres ; net .   666666 13 4

Cent Offices de
Commiffaires de Ma-
rine & Galeres , aux
gages de 2000 livres
effectifs par an , ex-
emption de toutes
tailles , francs-fiefs ,
&c. réfultat 3000000
livres ; net 2550000

Offices des Hôtels
des Monnoies de
Caën , Tours , &c.
avec attribution de

—————————————

14966666 13 4

R iij

liv. f. d.

De l'autre part. 14966666 13 4

1000 livres de gages effectifs & trois deniers par marc d'argent ; & pour augmentation de gages des anciens Officiers, 500000 livres ; net .　　416666 13 4

Offices casuels de deux Conseillers Notaires dans chacune des Chambres des Enquêtes , Requêtes de l'Hôtel du Palais ; Offices de Contrôleurs, de Greffiers des Insinuations des Domaines , &c. résultat de 1702 à 1704 6800000 livres ; net .　5666666 13 4

Offices de Commissaires Vérificateurs des Rôles des Tailles & du sel ; résultat 5000000 livres ; net.　4500000

Arpenteurs , Priseurs, Mesureurs de terre , 800000 livres ;

_____

25550000

liv. f. d.

De l'autre part. 25550000

net 666666 13 4

Affranchiffement
des Tailles en Dau-
phiné, 1200000 liv.
net 1000000

Offices d'Auditeurs
des Comptes dans les
Provinces de Langue-
doc & Montauban,
des Communautés de
Bordeaux, Béarn &
Navarre, & dans la
Province de Bourgo-
gne, Pays de Breffe
& Bugey, avec attri-
bution de 40000 li-
vres de gages, exemp-
tion de Taille, &c.
réfultat de 1702 à
1704, 1700000 l. net. 1416666 13 4

Offices en la Table
de Marbre de Dijon ;
établiffement d'une
Maîtrife particuliere
à Vitry & à Roche-
fort, & pour augmen-
tation de gages des

28633333 6 8

liv. f. d.

De l'autre part. 28633333 6 8
anciens Officiers de
la Table de Marbre de
Dijon ; réfultat .....
150000 livres ; net ..   135000

Etabliffement d'un
Siege Royal à Roche-
fort ; 80000 liv. net.   66666 13 4

Sixieme denier alié-
né ; réfultat 600000
livres ; net   5000000

Cinquante Offices
de Contrôleurs Com-
miffaires Facteurs de
la vente de toutes for-
tes de marchandifes ;
de volailles, gibier,
&c. avec attribution
de fix deniers defdites
marchandifes; & cinq
fols de chaque extrait
de leurs Regiftres ; ré-
fultat 600000 liv. net.   500000

Trois deniers de
taxations attribuées
aux Officiers Comp-
tables de la Cour,
Maîtres de la Cham-

_____

34335000

De l'autre part. 34335000

bre aux deniers, &c.
résulat de 700000 l.
net 630000

Offices héréditai-
res de Maires en Bre-
tagne, avec exemp-
tion de Tailles, &c.
& Syndics perpétuels
dans chaque Paroisse;
résultat de 240000 li-
vres; net 200000

Offices de Tréso-
riers des bourses com-
munes de l'Hôtel-de-
Ville de Paris, 200000
livres; net 166666 13 4

35331666 13 4

Attribution de
80000 livres de ren-
tes à tous Officiers ou
particuliers qui vou-
droient les acheter au
denier seize 1280000

Les Offices des
Contrôleurs des bans
de mariages ayant été
remboursés pour en

36611666 13 4

De l'autre part.	36611666	13 4

réunir le droit au Do-
maine, il fut créé fur
cette Ferme 115000
livres de rente au de-
nier vingt 2300000

Au mois de Juin il
fut conftitué un mil-
lion de rentes au de-
nier feize 16000000

Au mois de Décem-
bre 1400000 livres
en deux parties au de-
nier feize 22400000

Les Vendeurs de
Marée payerent aux
Parties cafuelles ,
moyennant attribu-
tion de fix deniers par
livre 600000

Forts & Sergens fur
les Ports 185000

Mefureurs de char-
bon 380000

Boteleurs de foin . 150000

Auneurs de toile . 400000

Receveurs & Con-
trôleurs de l'annuel

	79026666	13 4

	liv.	f.	d.
De l'autre part.	79026666	13	4
dans les Provinces..	625000		
Payeurs & Contrô-leurs des rentes via-geres & des rentes au denier feize . .	800000		
Chevaliers d'hon-neur dans les Cours Supérieures . .	847273		
Un million de ren-tes viageres au denier dix	19009000		
	91298939	13	4

Nouvelles Fermes.

Bail de fept années des droits attri-bués aux Contrôleurs des bans de ma-riage pour la fomme de cent quinze mil-le livres, moyennant une avance de feize cent mille livres pour rembourfer les Contrôleurs fupprimés. Ferme du fol pour livre attribué aux Offices de Vendeurs de volaille, gibier, cochons de lait, moyennant deux cent trente-trois mille livres par an. Ferme des huitres à l'écaille à vingt mille livres par an.

La caiffe des emprunts dont M. Col-

bert avoit tiré un si bon parti, fut re-
nouvellée ; mais avec un succès bien
différent , puisqu'elle fut l'origine de
nos desastres ; on en peut apporter deux
raisons. La premiere , est l'intérêt de
huit pour cent qui fut accordé sur les
fonds déposés à cette caisse ; ce qui
monta toutes les affaires sur le pied
d'un profit ruineux pour l'Etat. Comme on ne prenoit point d'arrangemens
pour les liquidations , & qu'au contraire les engagemens se multiplioient ;
tandis que la recette diminuoit , il fut
impossible de faire face à tout.

Un nouveau crédit étoit substitué à
l'ancien , & toujours à titre plus onéreux ; un troisieme lui succédoit. Plus
on haussoit l'intérêt , plus l'argent se
resserroit , parce que la confiance diminuoit , & qu'en pareil cas chacun re-
trouvant le même revenu sur un moindre capital , en caché une partie ; enfin les autres papiers baissoient en proportion & partageoient la concurrence
des spéculateurs ; au lieu que, si les effets
publics gagnent sur la place , tout l'argent se porte vers les nouveaux effets ,
dans l'espérance d'un pareil gain. C'est
ainsi que se sont préparées les circonstances terribles sous lesquelles on a vû

l'Etat chanceler. Le grand art du crédit est de faire peu d'engagemens &
de les acquitter exactement : tous les
systêmes imaginés & imaginables n'é-
qui vaudront jamais à cette maxime. Il
est possible de trouver des moyens capables d'arrêter le cours du desordre,
& de se donner le tems d'y apporter les
remedes nécessaires ; mais toutes les
circonstances, tous les Peuples, & encore moins tous les Ministres, ne sont
pas également propres à leur exécution.

La seconde raison du mauvais succès
de la caisse des Emprunts, doit être
prise dans le plan même de l'administration ; l'ordre étoit absolument perdu.
Cette partie la plus simple de toutes,
si l'on vouloit, & presque mécanique,
ne laisse pas d'être effrayante à la vûe
de ceux qui n'en comprennent pas la
marche dans ses principes. Beaucoup
de Ministres se sont persuadés que ces
sortes de détails étoient une occupation
destinée en partie aux Subalternes. Sul-
ly & Colbert pensoient différemment ;
leur grand principe étoit d'assigner à
chaque partie de dépense un fonds assuré ; ainsi leurs projets de recette &
de dépense étoient combinés au moins
six mois à l'avance. Chaque article de

dépense étoit discuté dans le plus grand
détail, & ordinairement évalué au-delà du nécessaire exact ; pour assigner les
fonds ils discutoient également l'ordre
des recettes, & ils firent à diverses fois
des efforts pour approcher de la connoissance continuelle & certaine de
leur état. Par cette méthode l'assigna-
tion étoit répondue dans le mois, dans
la semaine, au jour que l'on avoit in-
diqué. Chaque état contenoit en outre
l'assurance d'un fonds extraordinaire ,
pendant la paix comme pendant la
guerre.

Le fruit de ces méditations étoit une
grande économie dans les fournitures ,
toujours payées d'autant moins cher
qu'elles le sont plus exactement ; une
grande épargne d'intérêts d'avances ;
une indépendance absolue des gens d'affaires , & dès-lors un plus grand produit des Fermes ; enfin un crédit toujours ouvert à des conditions modérées
dans les événemens imprévûs.

Cette comparaison des méthodes &
des effets en divers tems, semble devoir
conduire à décider surement quelle est
la meilleure.

Cette année les dépenses monterent
à cent soixante millions quatre cent

quinze mille fept cent foixante livres.

Il n'eft point inutile d'obferver que cette guerre faifoit fortir du Royaume des fonds confidérables ; que cependant les revenus, tels que nous les avons vûs en 1700, étoient diminués intrinfequement de neuf pour cent : car en 1700 le marc d'argent étoit à trente-une livres dix fols ; & en 1702 il étoit à trente-quatre livres quatre fols : on conçoit également combien toutes ces variations devoient ralentir le payement des impôts ; le peu d'ordre des recettes facilitoit encore le retard des fonds au Tréfor Royal, & procuroit aux Receveurs un agiotage très-lucratif qui tournoit en pure perte pour le Roi. Ainfi l'Etat fupportoit la perte intrinfeque des valeurs fur fes revenus ; il fupportoit une grande partie de la perte des diminutions, parce que les Receveurs, fous divers prétextes, avançoient ou reculoient à leur gré leurs payemens : ce ne fut que le prélude de leurs fortunes ; les années fuivantes leur preparerent la matiere d'une toute autre induftrie.

ANNÉE 1703.

Affaires extraordinaires par Traités.

Finance des Rece-
veurs des Epices, Sa-
batines, Vacations;
Syndics des Commu-
nautés, Offices de Po-
lice sur les Quais,
Ports & Marchés de
la Ville de Paris; ré-
sultats de 1703 à
1704, 2400000 liv.
net . . . . .

Augmentations de
gages attribuées aux
Officiers des Amirau-
tés; 500000 livres,
net. . . . .

Offices de Contrô-
leurs des Receveurs
des Epices, Vaca-
tions & Sabatines
dans toutes les Cours
de Parlement, Cham-
bres des Comptes,
&c. avec attribution

	liv.	s.	d.
	2000000		
	416666	13	4
	2416666	13	4

d'un

	liv.	f.	d.
De l'autre part.	2416666	13	4
d'un fol pour livre ; réfultat de 400000 liv. net.	333333	6	8
Finance des Contrôleurs Généraux des Ponts & Chauffées de la Généralité de Paris & des Tréforiers Provinciaux, 240000 liv. net.	200000		
Offices de Jurés Vendeurs & Contrôleurs de vin en la Ville & Fauxbourgs de Paris, Jurés Déchargeurs, Rouleurs & Chargeurs de tonneaux, avec attribution de dix fols par muid pour la décharge, deux fols pour le roulage, & pareil droit pour le chargeage ; réfultat de 800000 liv. net.	700000		
Commiffaires Facteurs de toutes fortes	3650000		

Tome IV. S

liv. s. d.

De l'autre part 3650000
de marchandises, de
volaille, gibier, &c.
240000 liv. net..... 200000
    Offices de Commis-
saires des Décimes ;
2000000 liv. net.... 1666666 13 4
    Offices de Contrô-
leurs des Receveurs
des Consignations &
Commissaires aux sai-
sies-réelles, & Audi-
teurs des Comptes
desdits Offices ; résul-
tat 3000000 livres ;
net........... 2500000
    Offices d'Artillerie ;
5000000 liv. net.... 4250000
    Offices de Milice
Bourgeoise à Paris,
Essayeurs, Visiteurs
& Contrôleurs de
bierre ; résultat de
800000 liv. net.... 666666 13 4
    Offices de Lieute-
nans des Baillis &
Sénéchaux d'Epée ;
500000 liv. net..... 416666 13 4
_____

13350000

liv, f. d,

De l'autre part. 13350000

Offices de Greffiers des rôles avec attribution de trois deniers par livre des impofitions ; réfultat 5197200 liv. net.   4504240

Denier pour livre de taxations hérédi-taires attribuées aux Payeurs & Contrôleurs des rentes de la Ville de Paris, deux deniers aux Payeurs des gages, & augmentation de gages des Parlemens, Chambres des Comptes, &c. ré-fultat 1800000 livres; net.   1710000

Offices dans le Languedoc pour le recouvrement des Tailles ; réfultat, 800000 liv. net. 666666 13 4

Effayeurs d'eau-de-vie , &c. avec attribution de fix livres

_____

20230906 13 4

liv. f. d.

De l'autre part. 20230906 13 4

par augmentation pour chaque muid ; résultat de 2400000 liv. net. 2000000

Jaugeurs de tonneaux de vin & autres boissons ; & Greffiers des rolles des Tailles en Bourgogne, Bresse, &c. 1050000 liv. net. . . 875000

Confirmation des Offices de Contrôleurs, Marqueurs, Visiteurs & Porteurs de Cuirs établis dans les lieux où il y a des Cours des Aides, & attribution d'un cinquiéme en sus par augmentation sur tous les droits ; résultat 800000 liv. net. . . . 666666 13 4

Offices de Contrôleurs, Vérificateurs des Receveurs généraux & particuliers

23772573 6 8

liv. f. d.

De l'autre part. 23772573   6 8

des fouages, avec attribution de différens droits, droits de quittance & 2 fols pour livre de la recette actuelle ; Contrôleurs des Receveurs des deniers communs & d'octrois avec six fols pour livre du maniment , exemption de logement , &c. imposition à l'uftenfile & autres charges publiques , &c. dans la Province de Bretagne ; & Contrôleurs de Tréforiers généraux & particuliers des Vigueries en Provence, avec attribution de la moitié des gages , droits, taxations & émolumens attribués aux Tréforiers généraux & particuliers ; réfultat ,

	liv.	f.	d.
De l'autre part.	23772573	6	8
1200000 liv. net....	1000000		

Offices de Greffiers
des insinuations ; Let-
tres de Naturalité &
légitimation ; Lieute-
nans des Maréchaux
de France dans les
Duchés & Pairies ;
augmentations de ga-
ges aux Anciens dans
les Bailliages ; Pre-
miers Huiffiers ordi-
naires, Essayeurs d'é-
tain ; Gardes-minutes
des Chancelleries ;
& Contrôleurs des
saisies-réelles, & Re-
ceveurs des Consi-
gnations ; droits de
Quittances, Epices,
&c. résultat de....

4162000 liv. net...	3468333	6	8
	28240906	13	4

liv. f. d.

De l'autre part. 28240906 13 4

Affaires extraordinaires sans Traités.

Deux Directeurs généraux des Vivres, Étapes, Fourages, & lits des Hôpitaux des armées & garnisons ; aux gages de 33333 liv. 6 f. 8 d. chacun, avec rang , séance & voix délibérative dans les Conseils d'Etat , grande & petite Direction. 1000000

Neuf Tréforiers généraux des vivres , avec 2000 livres de gages effectifs chacun , & 6000 livres de taxations fixes en exercice. 342000

Contrôleurs des expéditions en Cour de Rome réunis depuis aux Offices de Banquiers expéditionnai-

_____

29582906 13 4

	liv.	s.	d.
De l'autre part.	29582906	13	4
res , moyennant.... 150000			
Quatre Payeurs &			
quatre Contrôleurs			
des rentes. 480000			
Au mois de Juin ;			
800000 de rentes au			
denier seize sur les			
Aides & Gabelles.... 12800000			
Au mois de Novem-			
bre, un million de			
rentes au denier qua-			
torze sur les Aides &			
Gabelles. 14000000			
	57012906	13	4

Il fut fabriqué des pieces de dix sols
qui ne valoient intrinséquement que six
sols trois deniers ; ce qui portoit le
marc d'argent à trente-sept livres dix
sols, & donnoit deux valeurs très-
différentes à l'argent : car en même
tems les Ecus réformés furent réduits
à trois livres onze sols, ce qui revient
à trente-une livres dix-neuf sols le marc.
Aussi-tôt tous les payemens se firent
en pieces de dix sols, & les Etrangers
ne nous en laisserent point manquer :
ainsi l'on diminuoit sans cesse la valeur

leur intrinſeque des revenus , tandis qu'on procuroit aux étrangers, aux ennemis, des gains immenſes ſur nous, à la diminution évidente de notre capital numéraire. La défiance reſſerroit le reſte des eſpeces, & les intérêts groſſiſſoient journellement ; puiſqu'il y avoit peu de création des Charges au-deſſous du denier douze. Les rentes même acquiſes au denier quatorze ſe trouvoient conſtituées bien plus chérement par le payement en monnoie foible.

Cette année, divers baux furent renouvellés. Celui des Fermes générales le fut pour trois années au prix de quarante-un millions ſept cent mille livres, ſçavoir, les cinq groſſes Fermes, les Gabelles, augmentations & droits en dépendans, évalués vingt - trois millions; les Aides & droits en dépendans, quatorze millions neuf cent mille livres ; les Domaines & droits en dépendans, trois millions huit cent mille livres.

Ces objets en 1700 produiſoient cinquante-trois millions deux cent vingt-ſix mille ſept cent cinquante livres; ainſi la diminution étoit de onze millions cinq cent vingt-ſix mille ſept cent cin-

quante livres: l'argent étoit plus haut
de neuf pour cent qu'en 1700; par
conséquent le produit des Fermes générales en 1703 n'équivaloit qu'à trente-sept millions six cent quarante mille l.
dans l'année 1700. La raison n'est pas difficile à trouver: les échanges diminuent
dans les Etats à mesure que le moyen
terme qui sert à les évaluer devient
incertain. Les uns gardent leur argent,
les autres leurs denrées, & ce sont les
plus sages. Les augmentations continuel-
les diminuoient le produit de nos ventes
à l'étranger, qui retiroit le montant des
siennes toujours en poids & en titre. De
toutes manieres, une partie de la masse
de l'argent qui avoit coutume de circuler
dans le Commerce, avoit disparu. Par
cette absence, les consommations des
riches languirent; les classes industrieu-
ses tomberent dans la détresse & la
pauvreté. Or les produits des Fermes,
comme le reconnoissoit le Prince en
1664, ne sont que des parcelles de
l'abondance publique. Enfin, il est évident que depuis 1683, c'est-à-dire,
dans l'espace de vingt années, à mesure que les charges avoient augmenté,
que les monnoies s'étoient altérées, le
Commerce avoit décliné, & que les

Fermes générales étoient tombées de vingt millions.

La Ferme du tabac fut portée à quinze cent mille livres; celle des Postes à trois millions deux cent mille livres.

C'est à la fin de cette année que commença l'usage de renouveller à longs termes les billets de monnoie, c'est-à-dire, des reconnoissances payables au porteur pour une partie des matieres portées aux Monnoies.

Les dépenses monterent à cent soixante-quatorze millions cent quatre vingt-dix-neuf mille deux cent soixante livres.

ANNÉE 1704.

Nous voici parvenus aux terribles effets du desordre & des mauvais principes de l'administration : c'est ici l'époque de la confusion & du renversement. La Providence, en nous humiliant, veilla sur nous : à la vûe d'un Maître grand jusques dans ses malheurs, les Sujets redoublerent de respect & d'amour; on trouva la consolation de ses maux dans le courage même qu'on leur opposoit, & on les surmonta.

T ij

Au mois de Mai 1704, une nouvelle refonte porta les louis d'or à quinze francs, & les écus à quatre livres. Les anciennes especes non réformées eurent cours jusqu'au vingt Novembre pour douze livres dix sols les louis, & trois livres huit sols les écus du même titre & du même poids que ceux de la nouvelle refonte ; & passé ce terme, ces especes devoient être décriées dans le Commerce.

Il est inutile de s'arrêter sur cette nouvelle opération, qui ne présente que les mêmes réflexions déja employées ; excepté que le bénéfice du Prince étant plus fort dans cette occasion, la perte de l'Etat devenoit plus grande. Aussi dans l'espace de deux ans que dura cette réforme, ne fut-il monnoyé que pour cent soixante-quinze millions au profit d'un sixiéme environ pour le Roi, c'est-à-dire de 29 millions ; sur quoi il convient de déduire les frais de fabrication. Mais les étrangers durent au moins gagner le double par le billonage, & diminuer d'autant notre capital numéraire. On paya, comme on avoit fait dès l'année 1701, les matieres partie en argent, partie en billets : ils furent si bien reçus du pu-

blic qu'on les renouvella fans peine de
terme en terme , & ils paſſerent dans
le Commerce comme l'eſpece même.
Ce nouveau crédit pouvoit devenir le
falut de l'Etat. Tant il eſt vrai que pour
qui ſçait uſer des circonſtances , il en
naît toujours quelqu'une de favorable.
Il ne s'agiſſoit que d'uſer ſobrement de
la fortune, d'avoir toujours un fonds con-
ſacré uniquement à acquitter ceux de
ces billets dont on eût demandé le rembourſement , de les recevoir en payement dans les recettes, comme on les
employoit en payement ; de faire au
beſoin négocier avec prudence ſur la
place les billets rembourſés ; enfin d'en
laiſſer toujours deſirer l'abondance, &
ſur toutes choſes de la proportionner
à la ſomme qu'on pouvoit mettre à
part pour y répondre. Au bout de trois
mois, le quart en argent eût vrai-ſem-
blablement ſuffi dans ce dépôt ; la confiance renaiſſoit , les bourſes s'ou-
vroient , les conſommations repre-
noient leur cours , les impôts s'acquit-
toient régulierement , les intérêts baiſ-
ſoient au lieu de monter ſans ceſſe comme ils faiſoient depuis la guerre. Voilà
de ces occaſions uniques & imprévûes,
où les papiers circulant comme mon-

noie, peuvent rendre la vie au Corps politique, jufqu'à ce que des circonf-tances plus tranquilles permettent de les retirer infenfiblement pour arrêter le furhauffement inévitable des denrées & de la main-d'œuvre. Cela eft délicat à manier fans doute ; le fang froid, l'activité, l'adreffe & le courage doivent fe réunir pour conduire de pareilles opérations à l'avantage de l'Etat, furtout s'il s'agit de prolonger quelque tems de pareilles reffources, dont la nature eft de ne pas durer beaucoup.

On ne vit pas fi loin alors ; on cher-choit de l'argent, parce qu'il en falloit au moment ; on crut qu'il fuffifoit de l'acheter, & ce fut la premiere faute. On attacha à ces billets un intérêt de fept & demi pour cent qu'il étoit impoffible de foutenir, au lieu qu'il convenoit de n'y en attacher aucun : c'étoit le feul moyen de mettre le papier au niveau de l'argent, d'accoutumer les hommes à regarder ce papier com-me un nouveau terme moyen fervant à évaluer leurs échanges : bientôt les particuliers y euffent attaché entr'eux un intérêt en fe le prêtant ; ce qu'ils ne pouvoient faire lorfque le Prince y en attachoit un de fon côté. On les regarda

au contraire comme des contrats rem-
bourſables dans un terme ; & cette néceſſité de les repréſenter au terme pour
en percevoir l'intérêt, devoit néceſſai-
rement ou rétrécir la circulation, ou
même tenter les porteurs de ſe faire
rembourſer. La ſeconde faute énorme
fut de ne préparer aucun fonds pour
l'acquittement ; la troiſiéme, de multi-
plier les billets de monnoie au point
d'avertir le Public de s'en défier. A me-
ſure qu'il ſe préſentoit quelque objet
de dépenſe, on payoit en billets de
monnoie ; & bientôt leur abondance
exceſſive fut la preuve de l'impuiſſance
où l'on ſe jettoit de payer ni capitaux
ni intérêts. J'ai anticipé un peu ſur les
évenemens pour reſſerrer les idées ſur
celui-ci, parce qu'il eſt très-inté-
reſſant.

Il pouvoit être prévu avec d'autant
plus de facilité, que dès-lors on étoit
embarraſſé pour l'acquittement des
promeſſes de la Caiſſe des Emprunts.
Les gros intérêts, dont les revenus
étoient chargés, réduiſoient à peu de
choſe les parties du Tréſor Royal : la
guerre cependant ſe conduiſoit avec
vigueur, tout dépendoit des premiers
ſuccès ; la nature des expédiens em-

ployés depuis quinze ans apportoit nécessairement à la longue de la lenteur
& de l'incertitude dans les secours : l'in-
expérience du Ministre , l'agitation du
tourbillon qui l'avoit entraîné dès ses
premiers pas , ne lui laisserent pas prévoir que pour emprunter beaucoup
avec facilité , il faut beaucoup payer.
Le 17 Septembre, un Arrêt ordonna
qu'il seroit sursis au remboursement
des capitaux des promesses de la Caisse
des Emprunts jusqu'au premier Avril
1705 : aujourd'hui une pareille démarche seroit le signal de la chute du crédit, parce qu'on a forcé les hommes de se
guérir de leur confiance. Mais alors les
esprits étoient encore disposés de maniere que l'altération fût médiocre.
Les billets de monnoie n'en souffri-
rent point ; mais on ne sçut pas s'en
servir.

Affaires extraordinaires par Traités.

Offices de Visi-
teurs & Contrôleurs
des poids & mesures ;
résultat de 1704 à
1705 , 2000000 liv.
net. . . . .

	liv.	s.	d.
	1666666	13	4

liv. f. d.

De l'autre part. 1666666 13 4

Contrôleurs des Greffes des Hôtels-de-Ville, Greffiers de l'écritoire des re-vûes & logemens de gens de guerre, avec attribution de moitié des droits des Gref-fiers & exemption de Tailles perfonnelles, 600000 liv. net. . . 500000

Greffiers des rôles de la subvention du reffort des Parlemens de Metz & Befançon & des fouages en Bre-tagne, 300000 liv. net. 250000

Offices des Con-trôleurs des recettes des Gabelles, avec attribution de quatre fols par minot dans les Gabelles de Fran-ce, & de trois fols dans celles du Lyon-nois, des excédens de

2416666 13 4

liv. f. d.

De l'autre part 2416666 13 4
vente, bons de Maf-
fes & autres droits;
exemption de Tailles,
&c. aux gages de
174800 liv. réfultat
de 3500000 liv. net.. 2916666 13 4
Offices de Lieute-
nans Criminels dans
tous les Greniers à fel
du Royaume, avec
attribution de plu-
fieurs droits fur le fel
& de fix deniers par
cotte de rôles, exem-
ption de toutes Tail-
les, &c. & d'un Offi-
ce de Notaire en cha-
cun defdits Greniers,
aux gages de 50000
liv. réfultat 1000000
liv. net.. . . . . . . 833333 6 8
Offices d'Infpec-
teurs des Boucheries
dans toutes les villes
& bourgs fermés du
Royaume, avec at-
tribution de trois li-

_____

6166666 13 4

	liv.	ſ.	d.
De l'autre part	6166666	13	4

vres par chacun bœuf & vache, douze ſols par veau & geniſſe, & quatre ſols par mouton ; réſultat de 4800000 liv. net.... 4000000

Offices de ſeconds Préſidens dans tous les Bureaux des Finances, à l'exception de celui de Paris, avec attribution de 2000 liv. de gages à chacun deſdits Officiers ; réſultat de 1000000 liv. net.... 833333 6 8

Offices de Tréſoriers, Receveurs & Payeurs des revenus des Fabriques & Confréries à Paris & dans toutes les villes du Royaume, où il y a Préſidial, Bailliage, Sénéchauſſée, Election, aux gages de 43750 liv. & autres

———————————

11000000

liv.   f.   d.

De l'autre part 11000000

droits ; réfultat de
700000 liv. net. . .   583333 6 8

Offices de Jurés
Auncurs de Draps à
Paris , Courtiers ,
Commiffionnaires
d'étoffes , Concier-
ges & autres Offices,
avec attribution de
différens droits ,
400000 liv. net. . .   333333 6 8

Etabliffement des
Chambres Souverai-
nes des Eaux & Fo-
rêts dans tous les Par-
lemens du Royaume,
excepté celui de Pa-
ris, avec 144500 liv.
de gages ; réfultat de
2400000 liv. net. . .   2000000

Offices de Contrô-
leurs des Exploits ,
avec attribution d'un
fol par augmentation,
& trois fols des faifies
mobiliaires , exemp-
tion de Tailles & au-

_____

13916666 13 4

	liv.	f.	d.
De l'autre part	13916666	13	4
tres impofitions, réfultat de 2000000 liv. net...........	1666666	13	4

Offices de Procureurs Syndics dans les Communautés des Procureurs & Huiffiers Audienciers, avec attribution de fix deniers du montant des dépens aux Syndics, & un fol aux Contrôleurs, Commiffaires Gardes des Ports & Chantiers de Paris, Gardes de nuit, Déchargeurs, Rouleurs & Chargeurs de vins, Vendeurs & Contrôleurs, avec attribution de différens droits par augmentation ; Syndics dans les Communautés des Procureurs & Greffiers ; & Greffiers des

15583333	6	8

	liv.	f.	d.
De l'autre part	15583333	6	8
Baptêmes ; résultat 2100000 liv. net. . .	1750000		
Offices de Secrétaires du Roi , . . 2400000 liv. net. . .	2000000		
Offices de Subdélégués dans les Provinces & Généralités du Royaume , avec exemption de Tailles, &c. 2400000 liv. net.	2000000		
Offices de Contrôleurs Jurés Mesureurs de charbon dans la Ville & Fauxbourgs de Paris , avec attribution de deux sols par chaque minot de charbon , par augmentation du prix 500000 liv. net. . .	416666	13	4
Etablissement d'un Présidial à Ypres & Valenciennes, résultat 600000 liv. net...	500000		
Offices des Cham-			
	22250000		

	liv.	s.	d.
De l'autre part	22250000		

bres des Comptes de Rouen, Dijon, Bretagne, &c. Taxes sur les Greffiers, Receveurs & Payeurs des Epices & autres, à cause de l'attribution de nouveaux droits, 200000 liv. net. . . $\quad$ 1666666 13 4

Offices de Marine avec 165000 liv. de gages, exemption de Tailles, &c. 2600000 liv. net. . . . . $\quad$ 2210000

Offices de Buvetiers ès Chambres des Parlemens, Chambres des Comptes & autres Cours, avec attribution de 1500 liv. de gages, un minot de franc-salé ; Jurés Vendeurs Visiteurs de porcs, avec attribution de différens droits, vingt sols, dix sols, ou six

$\overline{\qquad}$

26126666 13 4

	liv.	s.	d.
De l'autre part	26126666	13	4

sols de chaque porc, suivant la situation des marchés ; résultat de 1704 & 1705, 950000 liv. net. . .

791666 13 4

Augmentations de gages attribués aux Payeurs des gages des pays d'Etats ; 600000 liv. net. . . . .

500000

Huit Offices de Vendeurs, Visiteurs & Priseurs de foin arrivant à Paris, avec attribution de quatre sols par quintal de foin pour augmentation , & quarante Contrôleurs Jurés Visiteurs de ladite marchandise , avec attribution de huit sols par quintal de foin ; résultat 800000 liv. net. . . . .

666666 13 4

Offices en la Chambre des Comptes ,

_____

28085000

Aides

liv. f. d.

De l'autre part. 2808 5000

Aides & Finances de Montpellier, 600000 liv. net. 500000

Attribution d'un denier pour livre de l'imposition de la Taille, tant aux Receveurs généraux que particuliers des pays d'Election ; réfultat 1722000 liv. net... 1722000

Union de la Cour des Monnoyes à la Sénéchauffée & Siége Préfidial de Lyon; réfultat de 1704 & 1705, 550000 liv. net. 458333 6 8

Offices créés en l'Hôtel-de-Ville de Paris, avec attribution de gages & droits confidérables ; réfultat 1000000 liv. net.. 833333 6 8

Cinquante Contrôleurs Vifiteurs Marqueurs de toutes for-

31598666 13 4

liv. f. d.

De l'autre part. 31586666 13 4

tes de papiers entrant & vendus dans la ville de Paris, avec attribution de cinq fols par rame, compris un fol quatre deniers qui fe levoient par les Fermiers, 400000 liv. net.... 333333 6 8

Vente & revente des Offices de Receveurs des droits d'entrée & de fortie du Royaume ; réfultat 1300000 liv. net... 1083333 6 8

Offices de Commiffaires Infpecteurs fur la Vallée & dans les Halles de la Ville & Fauxbourgs de Paris ; & foixante & dix Contrôleurs Courtiers de la vente de la volaille, gibier, cochons de lait, &c. avec attribution de fix deniers pour livre

33013333 6 8

liv. f. d.

De l'autre part 33013333 6 8
de toutes les mar-
chandises ; résultat
de 1704 & 1705,
2250000 liv. net... 2025000

Offices de Gref-
fiers des enregistre-
mens dans toutes les
villes & lieux où il y
a Maîtrise , avec
60000 liv. de gages;
résultat de 1704 &
1705 , 1600000 liv.
net. 1333333 6 8

Trésoriers des Bour-
ses communes des
Huissiers & Sergens
Royaux & d'armes
en Bretagne; résultat
100000 liv. net. . . 83333 6 8

Officiers de Con-
trôleurs des Actes
d'affirmations dans
toutes les Jurisdic-
tions du Royaume ,
avec attribution de
moitié des droits des
Greffiers des Insinua-

36455000

liv. f. d.

De l'autre part. 3645000

tions ; réfultat de 1704 & 1705, 300000 liv. net. . . 250000

Quatre-vingt Offices de Gardes - bateaux metteurs à port dans la Ville & Faux-bourgs de Paris ; réfultat de 400000 liv. net. 360000

Quatre Offices de Greffiers en chef au Châtelet de Paris, avec 9000 liv. de gages, deux Greffiers, &c. Auditeur, & de quatre Offices de Gardes - fcel, &c. Auditeur, & de toutes les Jurifdictions du Châtelet & des Confuls, avec attribution de tous les droits & émolumens qui appartiennent au Roi ; réfultat de 1704 & 1705, 765000 liv.

3706 5000

liv. f. d.

De l'autre part 37065000
net.   637500

Cinquante Offices de Jurés Cribleurs de bleds & autres grains fur les ports, marchés & halles de la ville de Paris, avec attribution de vingt fols par muid de bled; réfultat 300000 liv. net.   250000

Infpecteurs généraux & Commiffaires Vifiteurs Contrôleurs des draps & toiles des Manufactures, Gardes, Concierges des Halles aux draps & toiles, avec attribution de 60000 liv. de gages, réfultat de 1200000 liv. net.   1000000

Droits attribués aux Engagiftes des Greffes des préfentations & à ceux des affirmations, & aux

38952500

liv. f. d.

De l'autre part 38952500

quatres Greffiers en chef de la Cour des Aides, avec trois fols pour liv. d'augmentation; réfultat 1400000 livres, net 1166666 13 4

Quatre difpenfes d'un dégré de Nobleffe en faveur des Officiers des Cours fupérieures du Royaume, avec attribution de 300 livres d'augmentation de gages ; defunion des Offices Gardes-fcel près les Cours ; & rentes attribuées aux acquéreurs de lettres de Nobleffe, & aux Capitouls & Echevins des villes de Touloufe & Lyon ; réfultat de 2700000 livres, net . 2150000

Augmentations de gages attribués aux Officiers des Chancel-

42269166 13 4

	liv.	f.	d.

De l'autre part 42269166 13 4

leries & Secrétaires du Roi près le Parlement de Paris, & autres Parlemens, Cours supérieures & Présidiaux ; résultat de 1500000 livres, net .   1250000

Droits d'amortiffement & nouveaux acquêts ; 2000000 liv. net 1666666 13 4

Offices de Conseillers-Rapporteurs du point d'honneur , Secrétaires & Greffiers ; Archers de la Connétablie dans tous les Bailliages où il y a des Lieutenans des Maréchaux de France ; attribution auxd. Officiers de 25000 livres de gages , pareille attribution de 25000 livres d'augmentation de gages , exemption de tailles,

_____

45185833 6 8

	liv.	f.	d.
De l'autre part &c. & de quinze livres de gages à chacun defdits Gardes ; réfultat 600000 liv. net	45185833	6	8
	500000		

Offices de Jurés Mefureurs Vifiteurs & Jurés Porteurs de charbon de bois & de terre, dans les Ports & Quais de la ville & fauxbourgs de Lyon, avec attribution aux Vifiteurs de dix-huit deniers par bane de charbon, & un fol aux Porteurs ; 300000 livres, net . — 250000

Offices de Commiffionnaires de vin ; eau-de-vie & autres liqueurs dans l'étendue de la Généralité de Paris, avec attribution d'un fol & du vingtieme de tous les droits d'entrée, gros,

45935833	6	8

augmentations

liv. s. d.

De l'autre part	45935833	6 8

augmentations & autres ; résultat net .. 1800000

Offices de Courtiers de Change & des marchandises , & Courtiers Commissionnaires de vins , cidres, bierres & autres liqueurs ; résultat de 500000 liv. net .. 416666 13 4

Augmentations de 300000 livres de gages attribués aux Maires, Assesseurs, Greffiers & Payeurs des augmentations de gages , &c. résultat 5000000 livres; net... 4166666 13 4

Offices casuels de Présidens Grenetiers, Procureurs & Greffiers dans le Lyonnois & le Languedoc, avec attribution auxdits Officiers de dix sols d'augmentation de droits manuels & de

52319166 13 4

liv. f. d.

De l'autre part. 5231916̄6 13 4

cinq fols par minot de fel; attribution d'augmentation de gages aux anciens Officiers; réfultat 1200000 liv. net. 1000000

Cent cinquante priviléges de Limonadiers à Paris & autres Villes du Royaume, 300000 livres, net. 250000

80000 livres d'augmentations de gages aux Receveurs généraux & particuliers des Fermes, Greniers à fel & Domaine d'Occident ; réfultat 1200000 livres, net. 1000000

Deux Offices de Tréforiers de France & autres Offices en Bretagne, & cinquante Offices de Notaires en Rouffillon ; Offices créés dans les Maréchauffées de la

54569166 13 4

liv. s. d.

De l'autre part 54569166 13 4

Province de Bourgo-
gne ; résultat de 1704
& 1705 , 220000 li-
vres ; net 183333 6 8

Total . . . 5474500

Affaires extraordinaires sans Traités.

Sept Charges de Présidens
aux cinq Chambres des En-   liv.
quêtes à 200000 liv. chacune 1400000
 Quinze Charges de Con-
seillers laïcs à 100000 livres. 1500000
 Trois principaux Commis
au Greffe de la Grand-Cham-
bre 450000

Quatre Maîtres des Comptes à Paris	480000	
Quatre Correcteurs...	200000	
Quatre Auditeurs ...	180000	2780000
Attribution aux Officiers de la Chambre de 220000 liv. d'augmentation de gages au denier seize	1910000	

En considération de cet
accroissement d'Officiers , le
Roi augmenta les Epices de

11604500

liv.

De l'autre part.... 11604500
la Chambre d'un vingtieme.

Deux Offices de Pré-
fidens à la Cour des Ai-
des de Paris .... 400000 }
Six Confeillers.... 360000 } 760000

Deux Offices de Pré-
fidens à la Cour des Ai-
des de Montauban ... 70000 }
Deux Offices de Con-
feillers .... 44000 } 114000

Un Préfident, fix Confeillers, deux Correcteurs, quatre Auditeurs & un Receveur
des reftes en la Chambre des
Comptes, Aides & Finances
de Montpellier 222000

Deux Intendans des Finan-
ces 800000

Trente Commiffaires pro-
vinciaux des guerres 3000000

Deux Tréforiers Payeurs
des Penfions des Officiers,
des troupes, avec 5000 liv.
de gages effectifs, 11500 liv.
de taxations, &c. dans l'année d'exercice, prérogatives
des Commenfaux de la Mai-
fon du Roi 300000
_____
16800500

De l'autre part.	16800500 liv.
Deux Contrôleurs defdits Tréforiers . .	30000
Total . . .	16830500
Un Confeiller d'Etat Garde du Tréfor Royal , Tréforier Payeur des appointemens , penfions , gratifications & menus dons	1000000
Réunion aux Secrétaires du Confeil des quatre Offices de Commis.	50000
Payeurs & Contrôleurs des charges affignées fur les Gabelles , avec 30500 livres de gages & taxations , Mouleurs de bois , Aides à Mouleurs , &c.	1600000
Maîtres Chableurs des ponts & pertuits des rivieres de Seine , Yonne & de Marne .	272510
Rachat de la taxe	

19753010

X iij

De l'autre part   1975301o liv.

pour les boues & lan-
ternes de Paris . . .   5400000

339048 livres de
rentes viageres au de-
nier dix   3390480

Loterie de 2000000
livres, dont les' àc-
tions étoient de 100
livres, pour les lots
de laquelle il fut conf-
titué 100000 livres
de rentes viageres,
100000 livres de ren-
tes perpétuelles . . .   2000000

Au mois d'Octobre
création d'un million
de rentes au denier
vingt à répartir entre
les acquéreurs de la
Noblesse depuis dix
ans   20000000

Traité pour la fa-
brication des pieces
de 33 sols dans la
Monnoie de Stras-
bourg   600000

Total . . .   51143490

Baux ou Fermes nouvelles

Union des droits des Greffiers des Infinuations laïques à la Ferme du Contrôle des actes des Notaires & des poudres, moyennant la fomme de 2000000 livres au total.

Ferme des droits attribués aux Officiers Jaugeurs des futailles dans les Provinces de Flandre & du Haynaut, pour la fomme de 200000 livres par an.

Ferme du droit de deux fols fix deniers par muid de plâtre cuit, & de quinze fols par toife de plâtre crud pour 8000 livres par an.

Les dépenfes de cette année monterent à cent foixante-un millions cinq cent foixante-fix mille trois cent foixante-fept livres.

La nouvelle Compagnie du Sénégal, plus malheureufe encore que toutes les precédentes, ne fe trouvoit déja plus en état d'attendre & même d'efpérer des tems plus heureux. Elle s'accommoda de fon privilége avec divers Négocians de Rouen qui foutinrent ce Commerce malgré la guerre, parce qu'ils y apporterent plus de concurrence.

ANNÉE 1705.

L'année suivante on commença dès le mois de Janvier à diminuer les especes de la nouvelle refonte ; enfin pour ramener les anciennes dans le commerce & mettre fin au billonage , on fut forcé de les établir au même cours ; c'est-à-dire , les louis d'or tant vieux que neufs à quatorze francs , & les écus tant vieux que neufs à trois livres seize sols.

Le premier d'Avril s'approchoit , jour fatal auquel il falloit acquitter les promesses de la caisse des emprunts. Le Ministre pour mettre un frein à l'empressement du Public haussa de deux pour cent l'intérêt des promesses à commencer du premier d'Avril. Ce gain ne séduisit que très-peu de personnes : comme les fonds ne se trouvoient pas suffisans pour rembourser , la moitié des payemens se fit en billets de monnoie que l'on fabriqua exprès , & l'autre moitié en argent. Jusques-là les billets de monnoie s'étoient bien soutenus , on les avoit renouvellés avec confiance ; mais dès qu'on les vit changer en quelque façon de nature & employés à rembourser des effets douteux, ils en partagerent le discrédit ; la quantité qui en paroissoit dans le Commerce, ayant effrayé divers particuliers, il fut ordonné imprudemment qu'il en entreroit un quart dans tous les payemens. On ne prit pas même la précaution de les admettre dans les recettes du Roi ; & dès cet instant on n'en reçut plus que de force. Pour comble de disgrace il ne se trouva point de fonds pour rembourser les capitaux, ni même acquitter les intérêts ; le trouble qu'apporterent ces non-payemens dans le Commerce seroit difficile à exprimer. Le débiteur voulut payer, & le créancier ne voulut plus recevoir ; les propriétaires de l'argent refuserent de le prêter, dans la crainte d'être remboursés du quart en effets peu sûrs ; pour les séduire il fallut hausser les intérêts à l'excès. Ceux qui n'avoient pas d'autres effets que des billets de monnoie furent contraints par la crainte & par le besoin de les fondre ; en peu de jours ils perdirent jusqu'à soixante-quinze pour cent. Pour rétablir leur crédit on les reçut en moitié de payement à la caisse des emprunts, d'où on les rendoit de même aux Fournisseurs qui payoient ainsi leurs dettes.

Les plus riches même avoient soin de
les acheter à vil prix pour les faire paffer en payement aux termes de la Loi.
Faut-il s'étonner que les dépenses fuffent montées si haut pendant ces années ? Il étoit plus sûr de garder ses denrées , ou il falloit les vendre à des conditions capables de compenser le rifque du payement. Si quelque opération est capable de répandre promptement l'allarme & le discrédit , c'est af-
furément celle de payer les Fournif-
feurs en effets portant intérêt. La plupart travaillent fur le crédit ; ce ne font
point des rentes qu'il leur faut , mais de
l'argent. Si on les paye en papier , ils
le mettent à tout prix fur la place, &
fçavent faire leurs conditions avec le
Ministre proportionnellement à la perte
qu'ils font. Cet abus fut une des principales fources du desordre, & il aura
toujours les mêmes effets.

Près de dix-huit mois fe passerent dans
cette fituation violente , fans qu'on puiffe décider s'il est plus furprenant que la
Nation y foit restée aussi long-tems fans
un bouleversement total, que de voir le
Gouvernement ne prendre aucune mefure pour l'en tirer. Il fembloit que nos
reffources s'épuisaffent à mesure que

nos ennemis remportoient plus d'avantages ; ces années déplorables furent
celles où la guerre coûta le plus.

Affaires extraordinaires par Traités.

Offices de Jurés
Hongrieurs tant à Pa-
ris que dans les Pro-
vinces ; net . . . . .

Deux Tréforiers
généraux des Mon-
noies à Paris aux ga-
ges effectifs de cha-
cun 8000 livres , un
fol par marc d'argent,
& deux fols par marc
d'or ; un Inspecteur
général aux gages ef-
fectifs de 1500 livres,
trois deniers par marc
d'argent , & six de-
niers par marc d'or,
& autres Officiers ,
avec attribution aux-
dits Officiers de l'e-
xemption de tailles ,
&c. & fans augmenta-
tion de capitation ; ré-
fultat 1000000 l. net.

	liv.	f.	d.
	150000		
	833333	6	8
	983333	6	8

liv. ſ. d.

De l'autre part. 983333 6 8

Trente Offices de ControleursCommiſſaires aux ventes de meubles à Paris, avec attribution d'un ſol pour livre du prix des ventes forcées, un minot de franc-ſalé, &c. réſultat 500000 livres; net 416666 13 4

Offices de Préſidens dans les Préſidiaux, avec attribution de Premier Préſident à l'ancien pourvû, gages ou augmentations de gages de 36000 livres, exemption de tailles, &c. réſultat 600000 livres; net . 500000

Offices de Commiſſaires à la levée & recouvrement des Tailles en Bourgogne, Provence, Bretagne, & autres pays d'Etat, avec attribution de

1900000

	liv.	s.	d.
De l'autre part.	1900000		
20000 livres de gages, un denier pour livre des impofitions, & fans augmentation de capitation; réfultat de 400000 liv. net .	333333	6	8
Finance des Huiffiers & Sergens de toutes les Cours & Jurifdictions du Royaume pour jouir d'un fol par augmentation par exploit à domicile, fix deniers de fignification de Procureur à Procureur; réfultat 400000 livres.	333333	6	8
Deux fols pour livre des Commis des Fermes & recouvrement; net	4000	.	
Offices de Contrôleurs près les Payeurs des gages & augmentation de gages, avec attribution des droits de quittance & 15000			

2570666 13 4

liv. f. d.

De l'autre part 2570666 13 4

livres de gages ; ré-
fultat de 300000 liv.
net 250000

Création de 100000
livres de rentes à Avi-
gnon, dont 60000 li-
vres de rentes perpé-
tuelles au denier
vingt, & 40000 liv.
viageres ; réfultat . . 1600000

Cent Offices de Ju-
rés Contrôleurs Ef-
fayeurs, Vifiteurs de
toutes fortes d'huiles
à Paris & autres Vil-
les du Royaume, avec
attribution de fix de-
niers par livre pefant,
900000 livres ; net . 750000

50000 liv. d'aug-
mentation de gages
au denier feize attri-
buées aux Officiers
vétérans de Judica-
ture, Police & Fi-
nances, & autres
Charges du Royau-

5170666 13 4

	liv.	s.	d.
De l'autre part	5170666	13	4

me & leurs veuves ;
résultat de 800000
livres ; net 666666 13 4

Offices d'Inspec-
teurs, Visiteurs, Con-
trôleurs , Mesureurs
de pierres de tailles ,
moilons , chaux , &
autres matériaux à
bâtir, 600000 livres ;
net 500000

Offices de Greffiers
des Baptêmes, Maria-
ges & Sépultures ,
avec attribution de
dix sols par chaque
extrait dans la Ville
& cinq sols dans les
Villages, & sans aug-
mentation de tailles ;
résultat de 400000 li-
vres ; net 333333 6 8

Offices de Contrô-
leurs en chacun des
dépôts du sel dans
les Pays rédimés &
francs de Gabelles,
_____

6670666 13 4

	liv.	f.	d.
De l'autre part.	6670666	13	4

aux gages effectifs de 21800 livres, exemption de tailles, &c. 168000 liv. net. . . .

	140000

Finance des lettres de Bourgeoifie tant de la Ville de Paris que des autres Villes franches & abonnées; 1500000 liv. net. . . .

	1250000

Impofition pour le rachat des droits attribués aux Contrô- leurs des voitures; 600000 liv. net. . . . .

	500000

Offices de Secré- taires de Sa Majefté dans tous les Parle- mens & autres Cours Supérieures du Ro- yaume aux gages de 6000 livres; réfultat de 120000 liv. net...

	1000000

Offices des deniers patrimoniaux d'Oc- trois & fubventions en la Province de Lan-

	9560666	13	4

guedoc;

	liv.	f.	d.
De l'autre part	9560666	13	4

guedoc ; 300000 liv.
net. 250000

Inspecteurs Visi-
teurs Contrôleurs
aux entrées des vins
& autres boiſſons ;
réſultat de 3600000
liv. net. 3000000

Rachat des Char-
ges locales , rentes ,
grains & autres ſur
les Engagiſtes des
Domaines ; réſultat
600000 liv. net. . . . 500000

Trente Offices de
Viſiteurs Contrôleurs
de toutes . ſortes
d'Eaux de Reine de
Hongrie , & autres
compoſées d'eau-de-
vie, &c. 250000 liv.
net. 208333   6 8

Syndics & Admi-
niſtrateurs perpétuels
des Offices de Police
des Hôtels-de-Ville,
Ports, Halles & mar-

13519000

liv. ſ. d.

De l'autre part. 13519000
chés de pluſieurs Vil-
les du Royaume ;
300000 liv. net. . . .   250000
Finance du ſol
d'augmentation des
Huiſſiers uni aux
Contrôleurs des ex-
ploits ; réſultat de
1100000 liv. net. . . .   916666 13 4
Augmentation du
Traité des Offices de
Receveurs des droits
d'entrée & de ſortie ,
200000 liv. net. . . .   166666 13 4
Offices de Rece-
veurs des arrérages
des rentes de l'Hôtel-
de-Ville ; réſultat de
1200000 liv. net. . . .   1060000
                         ─────────────────
                         15912333   6 8

Affaires extraordinaires ſans Traités.

Deux Offices d'A-
gent de Change. . . .   16000
Offices de Capi-
taines généraux, Ma-
                         ─────────────────
                         15928333   6 8

	liv.	ſ.	d.
De l'autre part.	15928333	6	8

jors & Aides-Majors des Capitaineries générales pour ſervir ſur les Côtes mariti-mes. 199000

Recouvremens des deniers qui devoient être payés, tant par les Seigneurs qui re-tireroient des droits d'échange aliénés à des particuliers, que par ceux qui avoient ci-devant acquis leſ-dits droits.

Recouvrement de la Finance du quart d'augmentation ſur les Offices des Ports à Paris ; recouvre-ment de la Finance de vingt Offices d'A-gens de Change. . . . 7471510

400000 livres de rentes au denier ſei-ze. 6400000

Droits des Braſ-

	29998843	6	8

liv. s. d.

De l'autre part. 29998843 6 8
seurs & Gourmets de
bierre en Flandre alié-
nés pour 300000

Total. . . . 30298843 6 8

Il fut ordonné de porter au Trésor
Royal tous les débets des Comptables
depuis 1696.

Deux ressources employées alors
peuvent indiquer la détresse du Gouvernement, & leur effet justifier la défiance publique. Il fut établi une Loterie Royale de 240000 billets à vingt
sols, qui fut tirée en 1707 : mais on
en forma une autre à vingt francs le
billet qui ne fut point acquittée ; & en
1714, il fut ordonné que les billets vi-
sés par le Receveur seroient portés au
Garde du Trésor Royal qui les convertiroit en rentes au denier vingt-
cinq.

Baux & Fermes.

Le Bail des droits de regrats dans l'é-
tendue du ressort des Greniers à sel de
Paris & de la Sous-ferme générale des
regrats du Royaume, fut passé moyennant trois cent vingt mille livres par

an & treize cent mille livres comptant.

Les deux fols pour livre fur tous les
droits d'entrée & de fortie du Royaume furent accordés aux Fermiers Généraux, moyennant une augmentation de
cinq cent mille livres par an.

On impofa un droit d'entrée fur les
marchandifes à Rouen, qui fut affermé
cent quatre-vingt dix-huit mille liv.

Bail du doublement des droits de
Barrage, Poids-le-Roi & Domaines
dans la Ville de Paris paffé aux Fermiers Généraux, moyennant un million par an.

Le Clergé accorda un fubfide extraordinaire de fix millions de livres, &
une levée ordinaire de douze cent quatre-vingt-douze mille neuf cent fix livres treize fols neuf deniers pendant
dix ans.

Les dépenfes de l'année monterent
à deux cent dix-huit millions fix cent
quarante-deux mille deux cent quatrevingt-fept livres.

ANNÉE 1706.

Pendant l'année 1706, on fit des diminutions de monnoie qui ne pou-

voient rétablir la confiance & le crédit : les louis & les écus tant vieux que neufs continuerent d'être reçus sur le même pied ; & au premier Janvier 1707, les louis passerent pour treize livres cinq sols, les écus pour trois livres onze sols. Par ce moyen, le Roi seroit du moins rentré dans la valeur intrinsèque de ses revenus, si l'on eût eu l'attention de ne pas entretenir encore une autre monnoie foible. Les pieces de dix sols, qui ne valoient que six sols trois deniers intrinséquement, furent réduites à neuf sols six deniers : mais cet excédent de valeur de plus d'un tiers étoit suffisant pour favoriser le Commerce des Etrangers, ruiner le nôtre, & resserrer toutes les autres especes. Les payemens continuerent de se faire en pieces de neuf sols six deniers.

Affaires extraordinaires par Traités.

Offices de Commissaires aux empilemens des bois ; résultat de 300000 livres, net. . . . . 270000 liv.

Offices d'Agens de Change dans les Provinces du Royaume ;

	liv.	f.	d.
De l'autre part.	270000		
réfultat 1000000 liv. net..........	833333	6	8
Offices de Greffiers, Contrôleurs, Gardes-minutes des Chancelleries 600000 liv. net.....	500000		
Excédent des Concierges Buvetiers des Cours Supérieures, Langueyeurs des porcs, &c. réfultat 150000 liv. net....	125000		
Augmentations de gages attribuées aux Receveurs & Contrôleurs de l'annuel ; réfultat 320000 liv. net.........	266666	13	4
Greffiers Confervateurs des hypotheques des Offices exercés fans provifions ; réfultat 500000 liv. net........	416666	13	4
Vérificateurs de Franc-falé; 600000			
	2411666	13	4

	liv.	f.	d.
De l'autre part	2411666	13	4
liv. net.	500000		
Planchéeurs, Débacleurs & Commiffaires au nettoyement des Quais & Ports de Paris ; 200000 liv. net. . . .	180000		
Syndics des Procureurs, Huiffiers & Notaires, 400000 liv. net.	333333	6	8
Augmentations de gages attribuées aux Premiers Huiffiers & Huiffiers ordinaires, 300000 liv. net.	250000		
Offices du Bureau des Finances d'Ypres, 360000 liv. net.	324000		
Amortiffement des rentes conftituées, 1500000 liv. net. . . .	1250000		
Infpecteurs des eaux & forêts en chacune Maîtrife du Royaume, 1200000 liv. net.	1000000		
	6249000		

Fabrication

	liv.	f.	d.
De l'autre part.	6249000		
Fabrication des pieces de dix fols à Metz pour foixante mille marcs, net....	180000		
Excédent du Traité de la Chambre des Eaux & Forêts en chaque Parlement du Royaume ; réfultat de 1706 à 1708, 500000 liv. net....	416666	13	
Offices de Notaires dans toutes les Villes & Bourgs du Royaume; réfultat 150000 liv. net........	125000		
Augmentations de 50000 livres de gages attribuées aux Officiers vétérans & à leurs veuves; 800000 liv. net........	666666	13	4
Vingt Offices de Voituriers par eau de Rouen à Paris; réfultat 260000 livres, net...........	226666	13	4
	7864000		

liv. f. d.

De l'autre part. 7864000

Augmentations de gages attribuées à dif-férens Officiers , & autres natures d'affai-res ; réfultat 2476136 livres : 2 : net........ 2063446 15

Confervateurs Gé-néraux & Provin-ciaux des Offices de France ; 600000 liv. net............. 500000

Vingt Offices de TréforiersReceveurs des Fermes, Sous-fer-mes, recouvremens, &c. 600000 liv. net.. 540000

Cent Offices de Marchands de vins privilégiés à Paris , 800000 liv. net. ... 720000

Quatre-vingt-trois Offices de Syndics des rentes de l'Hôtel-de-Ville de Paris, au lieu des Receveurs parti-culiers defdites ren-tes ; 1200000 livres ,

11687446 15

	liv.	f.	d.
De l'autre part.	11687446	15	

net. 1000000

Augmentation du Traité des Contrôleurs au partage du fel, 150000 livres,

net. 125000

Quarante Lettres de Maîtres Tireurs d'or en la Ville de Lyon ; réfultat

130000 liv. net. . . . 110500

Augmentations de gages attribuées aux Receveurs Généraux au lieu des Contrôleurs des Quittances,

300000 liv. net. 250000

Augmentation du Traité de l'hérédité,

2000000 liv. net. . . . 1666666 13 4

Augmentation du Traité des Offices de Contrôleurs des Greffiers des Hôtels-de-Ville, de l'Ecritoire & de Commiffaires aux revûes pour la

_____

14839613 8 4

	liv.	f.	d.
De l'autre part.	14839613	8	4

réunion defdits Offi-
ces; 100000 livres,
net. . . . . 　　　83333　6.8

Contrôleurs Cour-
tiers de volaille, &c.
1620000 liv. net. . . . 　1458000

Offices de Confeil-
lers de Police dans le
Royaume, & vingt
Contrôleurs des Re-
giftres de Commerce
en la Ville de Paris;
réfultat de 1706 à
1711, 800000 liv. net　666666　13　4

Offices créés en
l'Hôtel-de-Ville de
Paris, & attribution de
Nobleffe aux Eche-
vins & autres Offi-
ciers, 460000 liv. net　383333　6　8

Offices de Maires
& Lieutenans de Mai-
res alternatifs & mi-
triennaux; réfultat
de 1706 & 1707,
4500000 liv. net. . . . 　3750000

　　　　　　　　21180946　15

liv. f. d.

De l'autre part 21180946 15 0

Affaires par recouvremens.

Payeurs Contrô-
leurs & Syndics des
rentes de l'Hôtel-
de - Ville de Paris ,
1111500 liv. net...   1100350

   Augmentations de
gages à tous les Offi-
ciers Comptables ; ré-
fultat 2000000 liv.
net.   1900000

   Offices de Grands-
Maîtres des Eaux &
Forêts.   1600000

   Autres Offices de
Payeurs Contrôleurs
Syndics des rentes ,
4816500 liv. net. . . .   4334850

                30116146 15

   Soit que les affaires
extérieures donnaf-
fent de meilleures ef-
pérances , foit que
l'on fe laffât de payer
des intérêts auffi é-
normes, on effaya une

                 Z iij

liv. f. d.

De l'autre part 30116146 15 0
création de 500000
livres de rentes au de-
nier vingt ; mais per-
sonne ne se présenta
pour l'acquérir ; au
mois d'Octobre , on
annonça une nouvel-
le constitution au de-
nier dix - huit sur les
Aides & Gabelles qui
fut remplie , quoique
lentement. 18000000

Total . . . 48116146 15 0

Fermes & Baux.

Le Bail pour le Contrôle des Perru-
ques fut passé pour neuf ans, moyennant deux cent dix mille livres par an.

Celui de la Ferme du Contrôle des
Actes des Notaires, petits Sceaux &
Insinuations pour sept années trois mois,
moyennant deux millions par an pendant la guerre, & deux millions deux
cent mille livres pendant la paix.

Celui de la Ferme des Gabelles des
trois Evêchés, Salines, Domaines de
Franche-Comté & Domaines d'Alsace,

fut auffi paffé pour neuf ans, moyennant un million dix mille livres par an.

Celui des Fermes générales pour une année feulement.

Le Bail des poudres & falpêtres fut adjugé pour neuf années, moyennant deux millions quatre cent mille livres de poudre par an de différens prix ; revenant le tout en argent à onze cent quarante mille livres.

Celui de la Ferme du Contrôle des Extraits des Regiftres des Baptêmes, Mariages & Sépultures pour neuf années deux mois, moyennant trois cent mille livres par année.

Dans les mois d'Août, d'Octobre & de Novembre, on fe détermina enfin à prendre un parti fur les billets de monnoie : l'interruption que leur difcrédit apportoit dans le Commerce menaçoit des plus funeftes conféquences, l'ufure abforboit la fubftance de l'induftrie. Il fut permis au 6 Juillet de faire couper les billets de monnoie en fommes depuis deux cent jufqu'à mille livres, afin de faciliter les négociations ; il fut ordonné de les recevoir comme argent comptant en payement même de lettres de Change, mais à Paris feulement. Ainfi d'une part, contrainte dans la ma-

Z iiij

niere de payer & de contracter ; de
l'autre, restriction. Pouvoit-on se flatter de réussir ? Mais un autre article de
la même Déclaration, tout-à-fait contraire au but du Gouvernement, ce fut
de limiter la somme de billets de monnoie qui pouvoient entrer dans les payemens depuis quatre cent livres & au-
dessus, & de les bannir tout-à-la-fois
des payemens au-dessous de quatre cent
livres.

Puisque la confiance est le seul motif du crédit, la liberté doit régner dans
les engagemens des particuliers entre
eux ; & toute gêne, toute limitation sera
toujours la perte d'un crédit quelcon-
que. Si l'Etat obligeoit aujourd'hui de
prêter aux dix particuliers de Paris les
plus riches sur leurs billets, ces billets
perdroient le lendemain sur la place :
le cas est absolument le même. Le 22
Août, on imagina de défendre l'es-
compte des billets de monnoie en
échange de l'argent au-delà de six pour
cent, » attendu, disoit-on, que des
» particuliers ont offert de rembourser
» tous ces billets en leur accordant l'in-
» térêt de sept & demi pour cent, &
» six pour cent des valeurs qu'ils rem-
» bourseroient pour les frais de Bu-

» reau : mais que cette propofition
» étant au-deffus des forces de quelques
» particuliers, on laiffe la liberté de
» négocier les billets comme à l'ordi-
» naire; défendant toutefois d'exiger
» une remife plus forte de fix pour cent,
» à peine de carcan, de ban, de ban-
» niffement & de trois mille livres d'a-
» mende.

Pour pouvoir raifonner fur l'ufure
des billets comme fur celle de l'argent,
il falloit commencer par les mettre au
pair. Les billets ne trouverent plus d'é-
change; & les propriétaires n'en furent
que plus malheureux.

On n'eût point compromis l'autorité
du Légiflateur par des Réglemens fi
peu conféquens, fi l'on avoit pris les
diverfes précautions dont on a parlé
plus haut pour foutenir ces effets au
pair. Mais un Gouvernement fage &
prévoyant doit en ajouter une autre,
c'eft celle de confacrer un fonds de
trois à quatre millions, principalement
pendant la guerre, au foutien des effets publics au-deffus du pair. On peut
s'affurer alors que l'intérêt fera toujours
modéré; car le cours des effets fur la
place indique l'intérêt naturel de l'argent, & c'eft là-deffus que fe reglent

les bénéfices de toutes les affaires. Si le crédit a des principes, il a auffi une méchanique dans fa marche qu'il faut faifir.

« Nous avons décerné, dit l'Arrêt » du 24 Octobre, des peines graves » contre ceux qui fe trouveroient cou- » pables de cette ufure, ce qui en a » véritablement fufpendu l'ufage du- » rant quelque tems; mais nous avons » appris depuis peu que le mal eft de- » venu plus grand ».

En conféquence, il eft ordonné que tous les billets de monnoie qui fe trou- veront dans le Commerce, à commen- cer du premier Janvier 1707, feront convertis en billets de mille & de cinq cent livres, fans qu'il puiffe en être ex- pédié d'autres; & que le quart au moins des payemens fe fera en deniers comp- tans. Il eft enfin réglé que les billets de monnoie qui reftent dans le Commer- ce ne porteront plus d'intérêt.

Cette démarche néceffaire produifit un fort mauvais effet, parce qu'elle ne fut accompagnée d'aucune des précau- tions qui pouvoient la rendre falutaire. Le Roi n'admettoit point les billets dans fes recettes; il parloit de rembourfe- mens, & ne propofoit aucun fonds cer-

tain. Un bon principe réuſſit ſouvent
très-mal, faute d'en ſaiſir toute l'étendue dans l'application : & un demi-bien
n'eſt jamais la matiere d'un éloge durable.

Cependant pour ſoulager ceux qui
ſe trouvoient chargés d'une grande
quantité de billets, & qui ne ſaiſoient
point de Commerce, il fut ordonné
qu'il ſeroit converti pour vingt-cinq
millions de billets de monnoie payables en promeſſes des Fermiers Généraux à cinq ans avec l'intérêt au denier
vingt, & pour autant en billets des
Receveurs Généraux des Finances. Ces
arrangemens durerent juſqu'au mois
d'Août 1707 : mais les billets des Fermiers Généraux ne laiſſerent pas de
perdre autant que les billets de monnoie même, ſoit par l'impoſſibilité où
l'on voyoit l'Etat d'y faire honneur,
ſoit par l'agiotage des gens d'affaires
qui les décrierent eux-mêmes & les retirerent à ſoixante & quatre-vingt pour
cent de perte ſur la place pour les paſſer
en compte au Roi ſur le pied du capital.
Ils les échangerent depuis contre des
rentes au denier vingt, comme nous le
verrons. Voilà la ſource de leurs gains
immenſes, & un des objets principaux

de la Chambre de Juſtice ſous le regne ſuivant. Le trouble que les billets de monnoie avoient apporté dans le Commerce ne laiſſa pas de continuer ; preuve que ce n'eſt pas à leur quantité ſeule qu'il convenoit de l'attribuer.

Répétons cependant une obſervation déja faite dans le cours de cet ouvrage. Par-tout où l'Etat n'a point de crédit immédiat, il eſt forcé de rendre les Financiers propriétaires de l'argent, & dans chaque occaſion on les voit inſiſter ſur la rareté de l'argent pour ſe procurer la liberté d'emprunter ſur eux-mêmes à gros intérêts pour les affaires du Roi.

Les dépenſes monterent à deux cent vingt-ſix millions neuf cent trente-cinq mille neuf cent quarante-quatre livres.

ANNÉE 1707.

La confuſion de ces années déplorables étoit telle, que perſonne n'avoit oſé depuis deux ans ſe charger d'un long bail des Fermes générales : on le prorogeoit tous les ans, & les circonſtances régloient le prix qu'il ne m'a pas été poſſible de recouvrer. En effet, les revenus publics ſont-ils autre choſe que

le réfultat d'une efpece d'efcompte pré-
levé fur les revenus particuliers ? Lorfque l'incertitude des propriétés anéan-
tit le travail & les confommations, il
eft abfolument impoffible que le produit des revenus publics fe foutienne.

Les dépenfes rouloient donc principalement fur les promeffes de la Caiffe
des Emprunts, fur les billets des Tréforiers, fur ceux des Fermiers & des
Receveurs généraux. Cependant pour
répondre foit aux capitaux foit aux intérêts, il n'y avoit point de fonds libres, toutes les affignations étoient
chimériques. On finiffoit par imputer
les arrérages en principal ; pourvû que
le payement fût reculé, tout moyen paroiffoit avantageux. A quelques fommes près, tirées d'affaires extraordinaires très-ruineufes, de quelques reftes
des impofitions qui n'étoient pas encore engagées, on peut dire que la
guerre fe faifoit à crédit : c'eft-à-dire
qu'elle coûtoit au moins un tiers de plus
que fi les fonds euffent été libres, les
revenus certains, les recettes en ordre.
Cette différence monta encore plus
haut, & n'eut plus de bornes à mefure
que les papiers avec lefquels fe faifoit
le payement s'avilirent davantage.

Affaires extraordinaires.

Offices de Contrôleurs des octrois des Greffes & des Péages ; résultat de 2600000 liv. net....	2166666	13	4
Offices de Greffiers des Subdélégations, 200000 livres net..........	166666	13	4
Inspecteurs des bâtimens dans le Royaume & Garde des bannieres du Châtelet de Paris ; 600000 liv. net..........	500000		
Contrôleurs des Jaugeurs . Rouleurs & Courtiers de vin à Paris ; 200000 liv. net..........	180000		
Conservateurs des Régistres des Contrôles des Notaires, des Exploits, Greffes, Insinuations & petits Sceaux ; résultat...			
	3013333	6	8

	liv.	f.	d.
De l'autre part.	3013333	6	8
3000000 liv. net. ...	2500000		
Cent Offices de Tréforiers de la bourfe des marchés de Poiffy & Seaux, 1700000 liv. net....	1416666	13	4
Augmentation du Traité des Chambres Souveraines des Eaux & Forêts ; 350000 liv. net........	291666	13	4
Offices de Gruyers des Juftices des Seigneurs ; réfultat ... 1250000 liv. net....	1041666	13	4
Supplément de Finance des Contrôleurs, Effayeurs & Vifiteurs d'huile ;.. 400000 liv. net.....	360000		
10000 liv. d'augmentations de gages au denier quinze levés par les Receveurs des Traites ; 150000 liv. net........	125000		
220875 liv. de ta-			
	8748333	6	8

	liv.	f.	d.
De l'autre part,	8748333	6	8

xations fixes hérédi-
taires, attribuées aux
Payeurs & Contrô-
leurs des rentes de
l'Hôtel-de-Ville de
Paris, 2650500 liv.
net.   2385450

Prorogation de fix
années de jouïffance
des droits attribués
aux Infpecteurs des
Boucheries, 2000000
liv. net.   2000000

Idem aux Syndics
alternatifs & mitrien-
naux & Greffiers des
rôles alternatifs &
triennaux des Paroif-
fes d'Elections , Bre-
tagne , & pays Mef-
fin, 3500000 liv. net..   2916666 13 4

Augmentations de
gages attribuées aux
Officiers vétérans ,
200000 liv. net. . .   166666 13 4

Cent Offices de
Contrôleurs Vifiteurs

                                _____
                                16217116 13 4
                                         de

	liv.	f.	d.
De l'autre part.	16217116	13	4
de beurre , 300000 liv. net.	250000		
Cent vingt-un Offices de Syndics des rentes, 1868312 liv. net.	1681481	16	
Offices d'Œconomes, Sequeſtres, Contrôleurs , & Maîtres particuliers des Eaux & Forêts alternatifs & triennaux , 2000000 liv. net. . . .	1666666	13	4
Places de Barbiers-Perruquiers, 400000 liv. net.	333333	6	8
Commiſſaires Inſpecteurs & Contrôleurs aux empilemens des bois, 100000 liv. net.	83333	6	8
Continuation des droits de Courtiers , Jaugeurs & Inſpecteurs des vins , 2000000 liv. net. . .	1666666	13	4
Augmentation du			
	21898598	9.	4

	liv.	f.	d.
De l'autre part	21898598	9	4

Traité des Conseillers de Police & Contrôleurs des Registres, 100000 livres net. 166666 13 4

Union aux trois cent Courtiers de volailles de cent Offices d'Essayeurs de beurre salé & fromages, & droits y attachés, 900000 liv. net. 810000

Receveurs généraux & particuliers triennaux des Finances & Fouages en Bretagne ; résultat 400000 livres ; net .   333333 6 8

Droits de quittances attribués aux Officiers Comptables ; 1000000 livres ; net.   833333 6 8

Augmentation de gages attribués aux Receveurs des épices & autres Officiers ;

_____

24041931 16

	liv.	s.	d.
De l'autre part.	24041931	16	
800000 livres ; net...	720000		

Tréforiers Payeurs des gages & augmentations de gages des Officiers des Chancelleries ; 800000 livres ; net 720000

Commiffaires Vifiteurs des bois ouvrés & à bâtir ; réfultat 1000000 livres ; net. 833333 6 8

Offices de Contrôleurs des Tailles en Languedoc ; réfultat 800000 livres ; net . 666666 13 4

Auditeurs Rapporteurs des Comptes des Etapes & de Tréforiers de France ; 1500000 livres ; net. 1250000

Receveurs généraux & particuliers des Domaines de Flandre , Hainaut & Artois ; réfultat 500000 livres ; net 450000

Offices de Préfidens

28681931 16

liv. f. d.

De l'autre part. 2868193116

Grenetiers, & autres Officiers dans les greniers à fel ; 1800000 livres ; net 1500000

Offices d'Effayeurs des ouvrages d'Orfévrerie ; 800000 l. net. 666666 13 4

Elûs Contrôleurs alternatifs & triennaux dans toutes les Elections du Royaume ; réfultat 1200000 livres ; net 1000000

Lieutenans de Maréchaux de France ; 1000000 livres ; net. 833333 6 8

Offices de Contrôleurs des Actes d'affirmations de voyage ; 200000 liv. net . 166666 13 4

Offices de Contrôleurs alternatifs & mi-triennaux des Receveurs des Epices, Amendes & Sabatines ; réfultat 270000 livres ; net 225000

33073598 9 4

	liv.	f.	d.
De l'autre part.	33073598	9	4

Recouvremens.

Offices créés dans les Chancelleries ; ré-fultat 1800000 l. net. — 1440000

Confervation des priviléges à Paris ; ré-fulta t 5000000 l. net . — 4050000

Payeurs & Syndics des rentes de l'Hôtel-de-Ville ; 4572000 li-vres ; net . . . . — 4014800

Taxations attri-buées aux Payeurs & Contrôleurs des ren-tes . . . . — 540000

| | 43118398 | 9 | 4 |

Au mois de Mai 500000 l. de rente fur les Aides & Gabelles — 9000000

En Septembre fix cent mille livres de rentes au denier 18ᵉ. — 10800000

| | 62918398 | 9 | 4 |

Emprunts par bil-lets particuliers des Fermiers Généraux . — 6000000

| Total général | 68918398 | 9 | 4 |

Baux.

liv.

Octrois de Lyon à 400000

Ferme des fuifs à 920000

Domaine d'Occi-
dent . . . . . 420000 } par an.

Rehauffement du
fel en Franche-Com-
té 300000

Si le ravage des billets de monnoie
avoit pû être arrêté par une foule de
Réglemens, dont pas un ne remontoit
au principe, il eft conftant que l'Etat
s'en fût débaraffé ; mais par malheur
il falloit les retirer du Public, ou plutôt leur affigner un fonds certain & apparent, & commencer par quelque rembourfement ; ni l'un ni l'autre n'étoit
poffible, puifque d'un côté les recettes
étoient fort au-deffous des dépenfes, que
de l'autre, ou les papiers Royaux é-
toient dans le difcrédit, ou que les rentes fur l'Hôtel-de-Ville étoient la feule
reffource du Gouvernement.

Les converfions n'avoient retiré
qu'une petite partie des billets de monnoie ; chacun fentoit que ni les Fermiers
ni les Receveurs ne pouvoient payer
de pareilles fommes, fi le Prince n'en

faisoit les fonds ; ces billets dénaturés furent donc toujours regardés comme la même espece, & éprouverent le même avilissement ; la plupart aimerent autant garder leurs billets de monnoie originaires.

Dans ces circonstances on mit en jeu le crédit du Clergé. Le 13 Avril le Roi lui aliéna quinze cent mille livres de rente sur les Postes, à condition qu'il se chargeroit d'un emprunt de trente-trois millions au denier vingt-deux, dont le payement seroit reçu en billets de monnoie non convertis. Cet arrangement n'eut cependant presque pas d'exécution, parce que l'année suivante on se détermina pour un parti différent. Il n'y eut de constitué sur le Clergé que quarante-cinq mille six cent deux livres treize sols, au principal d'un million trois mille deux cent cinquante-huit livres huit sols. On en doit dire autant de la Déclaration du 24 Mai, qui ordonnoit de porter chez le Garde du Trésor les billets de monnoie non réformés, pour être convertis en contrats de constitution sur la Ville au denier dix-huit ; c'est dans cette vûe que fut faite une constitution de neuf millions dans ce mois.

Il fut également permis aux porteurs
des billets de monnoie de prendre des
rentes au denier dix ou quatorze, ou
des promesses de la caisse des emprunts
en payant moitié en deniers comptans.
Quelques parties furent réellement
portées à cette caisse, qui de son côté
rendoit dans ses payemens la même
moitié en billets de monnoie.

Mais les porteurs des billets de monnoie avoient deux craintes ; l'une que
l'on cessât d'avoir un jour égard à ces
contrats passés uniquement pour retirer
du Commerce la partie surabondante
des billets ; l'autre de ne pouvoir faire
le même usage de leurs contrats dans
le Commerce, & de se trouver par conséquent dans l'impuissance de continuer leurs affaires.

Dès le premier Janvier on s'étoit en
quelque façon rapproché des bonnes
maximes, en laissant une liberté absolue de stipuler les payemens en argent,
ou en billets de monnoie. Il avoit été
permis d'en couper pour vingt millions
en sommes de deux cent livres & de
quatre cent livres ; cette conduite leur
avoit rendu quelque petite faveur ; &
beaucoup de particuliers, soit par nécessité, soit de préférence, ne parois-

soient

foient point portés à les fondre en contrats.

On prit donc une autre voie ; ce fut de reftreindre la fomme de billets de monnoie qui circuleroient dans le Public. Le 24 Mai il fut ordonné qu'il en feroit remarqué d'un nouveau timbre & vifé par le Prevôt des Marchands affifté du Syndic du Corps des Marchands, jufqu'à la concurrence de foixante-douze millions ; lefquels pourroient feuls être reçus & admis dans le Commerce. Tous les autres non-réformés y furent décriés, & il fut défendu fous des peines rigoureufes de les donner ou de les recevoir en payement. Sa Majefté permit aux propriétaires de ces billets non réformés de les convertir en rentes fur la Ville, fur le Clergé, ou en billets des Receveurs & des Fermiers Généraux.

Cette opération ne corrigeoit point le principe, & dès-lors les mêmes effets devoient fubfifter. Lès billets de monnoie continuèrent, quoique réduits à foixante-douze millions, de fe négocier à une groffe perte dans le Commerce. Au mois de Novembre on crut y remédier en ordonnant qu'on ne pourroit ftipuler de payement que les trois quarts en argent & un quart en billets réformés ; l'effet fut totalement contraire aux vûes du Légiflateur ; on s'imagina que c'étoit de nouveau diminuer la valeur du billet.

Pour comble de difgrace, on ordonna la fabrication des pieces de vingt fols qui ne valoient intrinféquement que douze fols fix deniers. Le Public, qui ne l'ignoroit point, ne voulut plus payer avec d'autres efpeces ; les Etrangers en apporterent des quantités confidérables qu'il fallut ou payer en bonnes efpeces ou fur la balance du Commerce : dans les recettes on ne vit plus que ces nouvelles pieces & celles de neuf fols fix deniers portées de nouveau à dix fols ; par conféquent l'Etat perdoit fept fols fix deniers par livre dans toutes fes dépenfes extérieures.

Les billets de monnoye, tant réformés que convertis chez les Fermiers & les Receveurs généraux, n'étoient pas les feules dettes exigibles ; les promeffes de la caiffe des emprunts, celle des gens d'affaires, les billets de tous les Tréforiers fe trouvoient fur la place. Il falloit entrer en payement pour en foutenir le crédit, ou fe réfoudre à manquer totalement aux engagemens, c'eft-à-dire donner à l'Etat une fecouffe qu'il

	1700.	1701.	1702.	1703.	1704.	1705.	
	liv.	liv.	liv.	li.	liv.	liv.	
Roi	616542	613982	611682	611800	608201	611445	
	1827216	2964497	2426790	2835154	2434962	2072474	
	853049	607986	458237	411634	643387	434577	
	287854	310504	334818	292955	299310	285600	
	25391	26003	12000	12000	12000	21720	
	587788	1059201	630050	948778	968024	803935	
	341817	321123	296050	304157	295475	305499	
	61206	61206	61206	61206	61206	61206	
	200095	210137	1411139	1860281	1602190	1627069	
	48998	50045	40044	40244	40414	49652	
	334801	327180	323272	320802	332487	277332	
	33575	33573	33573	33573	33573	33573	
	1290000	1354666	1040000	1042050	1060000	1100000	
	360000	252000	252000	252000	252000	252000	
	339384	395087	634326	272485	235708	243325	
chesse de Bourgogne	1101480	1055629	957190	973706	1052970	960060	
	3087722	2683000	2555750	2758250	2663000	2794871	
	2367248	2374222	1305388	790329	2001424	2048417	
	488370	487351	513032	548902	588426	714598	
s.	37390825	66852967	74346881	92360906	82122106	130203559	10
	2531168	2606419	2461745	2467098	2453162	2450393	
es	1827009	2039431	2102452	2698485	2778292	2857647	
		1011830	1980003	2963287	2643632	5282564	
	9104775	18225900	18492676	19029293	19199413	19579462	
	2800000	2811256	2807900	2803313	2810195	2813253	
	2180525	3226212	3039027	3261953	3041059	2126646	
	777858	946283	551616	451650	529100	391800	
	118131	140188	155446	199556	189934	202008	
	3122890	3222320	3421406	3323621	3319952	3502726	
	2330106	2175836	2239620	2198935	2261806	2334423	
	698244	683188	674282	761632	779054	763338	
ant	1616296	4496203	4187873	4341299	4837980	4744204	
	1113710	9818031	9304690	5826424	4407141	5863955	
	217000	215000	211000	214000	215033	226000	
	457258	444136	437729	457876	434415	426607	
	49358	14247	14247	29809	26697	29602	
	236844	131000	116325	49810	16618	75106	
s d'avances & Remises	23785055	10566465	15221018	11719140	9601300	15563848	
payés par ordonnances	375449	361811	430401	361458	341906	339904	
	436261	466178	476896	421454	372864		
onnoies							
Trésor Royal							
s des environs	124072	124285	124186	124186	96493	142689	
a Reine d'Angleterre	600000	600000	600000	600000	600000	600000	
squetaires			650566	620733	688206	704375	
nçoises & Suisses			1836902	1961565	2164310	2080866	
			634316	580471	452942	639959	
..... 1462504133 liv.	116145370	146366578	160415760	174199260	161568367	218642287	2

n'avoit pas la force de foutenir. Les
ennemis étoient fur les frontieres ; les
revenus des années fuivantes confommés en partie ; la confiance perdue.
Quel parti prendre ? M. de Chamillart
fupplia le Roi de le délivrer d'un fardeau fous lequel il fuccomboit malgré
lui depuis tant de tems. M. Defmarets,
neveu du grand Colbert, fut nommé
Contrôleur Général. Avant de l'en-
tendre lui-même s'expliquer fur la pofition où il trouva les affaires, remon-
tons aux fources de ces maux dont le
trifte récit doit encore pénétrer d'effroi.
Suivons-en les progrès.

La table ci-jointe indi-
que que pendant les huit
années du miniftere de
M. de Chamillart les dé-
penfes avoient monté à . 1462504133
    Celles de l'année 1700
font de 116145370
_____

    Reftent pour les fept
années de guerre 1346358763

    Les affaires extraordi-
naires, créations de ren-
tes, augmentations, &c.
produifirent pendant ces

liv.

fept années	448919883
Dont il faut déduire . .	48036310

qui ne rentrerent qu'en
1708 ; refte 400883573
M. Defmarets trouva
en dettes exigibles por-
tant intérêt 385738493
Il avoit été confommé
par anticipation 69120509
On avoit tiré de la taxe
des Traitans 24000000
Le Clergé avoit payé
pendant les fept années . 39500000
Les Monnoies avoient
produit environ 40000000
Les revenus ordinai-
res n'avoient donc pro-
duit que 387116188

Somme pareille . 1346358763

Les parties du Tréfor Royal dans
l'année 1700 montoient à foixante-neuf
millions net des cinquante millions de
charges ; ainfi dans les fept années on
eût dû recevoir quatre cent quatre-
vingt trois millions ; un calcul fort fimple nous donnera la folution de cette
différence.

Les affaires extraordinaires par Traités, recouvremens ou créations de rentes, avoient monté à quatre cent quarante-huit millions, ce qui revient pendant chacune des sept années à soixante-quatre millions environ.

Presque toutes les Charges furent créées sur le pied de neuf & dix pour cent ; mais ne supposons l'intérêt qu'à huit pour cent sur chaque partie l'une dans l'autre, il en aura coûté dans
la premiere année   5120000
Dans la seconde   10240000
Troisieme   15360000
Quatrieme   20480000
Cinquieme   25600000
Sixieme   30720000
                         107520000

Nous avons supposé qu'on a retiré des revenus ordinaires   387116188
                         494636188

Cette différence de onze millions, que les revenus auroient dû rendre de plus qu'ils n'ont rendu, peut venir de ce que l'on ne compte ici les intérêts des affaires extraordinaires que pendant six années, pour éviter tout reproche. Il faut se ressouvenir aussi que malgré les nouvelles Fermes les revenus étoient tombés d'année en année, que les Fermes générales en 1704 étoient déja diminuées de onze millions, que l'on avoit été obligé de diminuer les tailles. Ainsi nos calculs estimatifs sont au total à l'abri du reproche.

Les effets destructifs des emprunts, des créations de Charges, des Traités, des gros intérêts & des refontes, sont assurément mis pour la seconde fois dans la plus grande évidence. Mais peut-être dira-t-on que les revenus se trouvant deja chargés de cinquante millions, il y avoit quelque impossibilité de ne pas aggraver le mal. C'est ce qui nous reste à examiner.

Les dépenses des sept années ont monté à . .

liv.

1346358763

Retranchons-en d'abord les nouveaux intérêts payés sur les parties du Trésor Royal . . . .

107520000

Reste . . . .

1238838763

Il avoit en outre été contracté en dettes exigibles au total 385738493 livres, dont l'intérêt étoit réglé de sept & demi à dix

De l'autre part. **1238838763**

pour cent. Pendant les
fept années on voit par la
table ci-jointe qu'il a été
payé en intérêts & remi-
fe 81694116 livres. On
fçait qu'à défaut de payement beaucoup d'arréra-
ges avoient été convertis
en capitaux ; ainfi ce n'eft
point trop évaluer la to-
talité de ces intérêts que
de les porter à **100000000**

1338838763

Le cours moyen des
augmentations de mon-
noies pendant fept années
a été d'un fixieme envi-
ron ; il faut par confé-
quent déduire au moins
un douzieme fur ces dé-
penfes : car il eft certain
que beaucoup d'argent
paffa dans l'étranger où il
ne fut reçu qu'au poids
& au titre ; & que les
denrées hauſferent tou-
jours de quelque chofe
avec l'argent ; fans comp-

liv.

De l'autre part... 1338838763

ter les prix extraordinaires auxquels l'inexactitude du payement porta
les fournitures. Ainsi ce
n'est point se tromper
que de diminuer 94903230

Ainsi ne faisant ni em-
prunts ni refontes, il n'y
avoit de fonds à faire
dans les sept années que
pour la somme de . . . 343935533

Cette réduction des fonds à faire pa-
roîtra très-modérée, si l'on fait attention à la perte des premiers Fournisseurs
sur le papier qui leur fut donné en payement, à celle que faisoient les seconds
sur les billets des premiers ; enfin à la
somme dont il falloit charger l'Etat &
payer l'intérêt pour s'en procurer une
moindre en argent comptant dans une
infinité de choses où l'on ne pouvoit
s'en passer.

Les Parties du Tréfor Royal à
foixante - neuf millions , comme
en 1700 , rendoient pendant les
fept années 483000000
  La Capitation, mais
doublée dans les vil-
les, à trente millions
au total par an 210000000
  Le dixieme , même
fomme 210000000
  Le Clergé paya... 39500000
  Augmentation de
cinq millions par an-
née fur les fubfides
des Pays d'Etats... 35000000
  Nouvelles formes
ou augmentations fur
les confommations
des Villes à fix mil-
lions 42000000
  Augmentation fur
le fel à deux millions 14000000
  Sufpenfion pendant
la guerre de tous les
priviléges , francs-
falés, exemptions, à
cinq millions par an. 35000000
  Taxe au Confeil fur
les Traitans depuis
1689 jufqu'en 1701.. 24000000

liv.
1092500000

Ce compte paroît d'autant plus jufte
que c'eft évaluer la dépenfe de chacune
de ces fept années de guerre fur le pied
de cent cinquante-fix millions, c'eft-à-
dire, à quarante-fix millions de plus
que M. Colbert ne les eftimoit en 1682.
D'ailleurs, en comparant le prix actuel
des denrées avec celui de ce tems, &
en faifant réflexion que ces cent ci-

quante-six millions eussent été à trente
livres le marc d'argent environ, on
trouvera la proposition très-vrai-sem-
blable. Cette évaluation équivaudroit
à une dépense actuelle de deux cent cinquante millions par an, toutes charges
payées & déduites.

Dans la seconde ou troisiéme année
de la guerre, le crédit étant établi par
le bon ordre & l'abondance du Gouvernement, il eût été possible d'ouvrir
une Caisse d'emprunt à quatre & demi pour cent, & d'offrir aux rentiers
leur remboursement, à moins qu'ils
n'aimassent mieux réduire l'intérêt à
quatre pour cent, ce qui eût produit
une diminution de charges de cinq millions par an environ pendant les cinq
années restantes, & au total un bénéfice de vingt millions à ajouter aux
fonds déja indiqués. Deux objections
se présentent : 1°. les Peuples eussent
été chargés considérablement : 2°. les
dépenses s'accrurent à mesure que la
guerre se prolongeoit ou devenoit plus
malheureuse ; on ne pouvoit les prévoir.

La réponse à la premiere objection
est facile : les Peuples furent enfin chargés des mêmes impositions proposées,

& de plus grandes encore. Dans quel
tems ? Lorfque les changemens de monnoie eurent diminué confidérablement
notre capital numéraire en faveur des
étrangers ; lorfque le difcrédit eut fufpendu toute activité dans la circulation, dans les confommations ; après
avoir multiplié les exemptions, les priviléges, les droits & les attributions de
toute efpece, & par conféquent miné
fourdement l'aifance publique, tari les
fources de la finance. Enfin, ces mêmes charges devinrent perpétuelles, &
qui plus eft, infuffifantes. Quand même il eût fallu encore cinquante millions
pour les dépenfes pendant chacune de
ces fept années & des quatre fuivantes,
au moyen de l'aliénation de quelques-
unes des nouvelles impofitions en an-
nuités à fix ans, on auroit fatisfait à
tout, fans même effleurer le labourage
& l'induftrie : & tant que ces deux claffes feront riches dans l'Etat, il n'y aura
de pauvres que les gens oififs. Quelle
circonftance étoit plus favorable à cette
conduite ? La Mer du Sud étoit ouverte à nos Vaiffeaux ; jamais tant d'or
& d'argent à la fois n'étoient entrés en
France ; & pour le dire en paffant, il
ne faut point s'abufer fur nos forces ;

fans ce fecours. nous étions perdus. La France avoit encore une Marine affez puiffante pour protéger fes Armateurs & fon Commerce ; elle a des avantages naturels pendant la guerre fur toutes les autres Nations pour le Commerce de l'Italie & du Levant. Il ne manqua donc au Commerce que cette fûreté dans les engagemens, qui en eft l'ame, fans laquelle il ne peut même exifter. Avec une circulation bien établie, une réduction volontaire d'intérêts en pleine guerre, produite par une abondance extraordinaire & rapide des richeffes numéraires, que n'euffions-nous pas fait ? Nous verrons dans un moment M. Defmarets avancer que la bonne volonté avec laquelle les Peuples payerent le dixieme, infpira aux ennemis des penfées de paix. On peut croire que fi les affaires fe fuffent trouvées en 1707 dans la pofition dont nous parlons, loin de nous faire éprouver tant de duretés dans la querelle du monde la moins jufte, ils n'euffent pas long-tems diffimulé leur repentir, malgré le fuccès apparent de leurs armes : car notre pofition intérieure auroit été meilleure que la leur, & je crois en avoir démontré la poffibilité.

Quoique ces raifonnemens foient appuyés fur des faits affez récens, quoiqu'ils foient liés par une fuite de principes inconteftables, fuppofons pour un moment que la furcharge eût réduit les Peuples à la même pauvreté dans laquelle ils fe trouverent à la fin de la guerre. Jettons les yeux fur ce qui s'eft paffé depuis ; la Nation ne laifferoit pas d'avoir gagné des milliards , lorfque l'éloignement des tems aura effacé la trace des intérêts particuliers dans la mémoire des hommes qui doivent nous fuccéder ; ceux qui continueront cette hiftoire, préfenteront un tableau inftructif & intéreffant à leur fiecle, s'ils veulent prendre la peine d'achever le calcul. Puiffent leurs travaux apprendre aux Peuples à fe laiffer conduire, à fupporter fans murmures les fléaux dont la Providence les châtie, fans chercher à les rejetter fur une poftérité innocente qui s'élevera contre eux ; à fentir que la gloire de l'Etat, la fûreté de leurs enfans, la leur même n'eft point achetée trop chérement par quelque incommodité paffagere !

La feconde objection regarde la difficulté de prévoir les augmentations de la dépenfe : la folution en eft aifée. Ces dépenfes augmenterent pour la plus grande partie à raifon des emprunts, & de la nature du payement fait aux four- niffeurs, cela eft évident ; mais ce n'eft point à cette replique que nous devons nous borner. La partie qui diftingue par- ticulierement les Miniftres du refte des hommes, c'eft la longue prévoyance ; il eft toujours fage de fe procurer l'a- bondance dès le commencement d'une guerre, pourvû qu'elle foit accompa- gnée d'économie. La réputation du Gouvernement y gagne infiniment, les affaires en vont mieux ; & comme le premier en campagne prend un grand afcendant fur fon ennemi, il eft égale- ment vrai que celui dont les fonds font les plus libres à l'avance, fçait mieux profiter du tems & des circonftances. S'il étoit poffible de lever dans l'année qui précéde une guerre les fommes ex- traordinaires qui feront néceffaires pour fa dépenfe de l'année fuivante, les Peu- ples y trouveroient une épargne très- réelle, ainfi que le Gouvernement.

ANNÉE 1708.

Perfonne ne peut nous inftruire mieux que M. Defmarets lui-même de la situation où il trouva les affaires. On copiera année par année le compte qu'il rendit à Son Altesse Royale de son administration, & on y inférera les détails qu'il aura été possible de recouvrer. Quoique ce Mémoire soit très-connu, il paroît que cet ouvrage a droit de lui donner une place, sur-tout avec les éclaircissemens qu'on y joint, afin de réunir tous les objets sous les yeux du Lecteur.

« *Je supplie très-humblement Votre Altesse Royale de donner quelques momens de son attention au Mémoire que j'ai l'honnneur de lui présenter* ».

« Le feu Roi m'ayant fait l'honneur » de me choisir le 20 Février 1708, » pour remplir la place de Contrôleur » Général des Finances, j'ai soutenu » avec un travail continuel & pénible » le poids de cet emploi, jusqu'au pre-» mier Septembre 1715.

» Votre Altesse Royale sçait parfai-» tement que le Contrôleur Général des » Finances n'est ni Ordonnateur ni » Comptable depuis le Réglement du 5 » Septembre 1661, par lequel le feu » Roi supprima la Commission de Sur-» intendant des Finances pour toujours ; » le feu Roi en a fait toutes les fonc-

» tions lui-même ; il ne s'est fait aucun
» payement qu'en vertu des ordonnan-
» ces & des états qu'il a signés, & le
» Contrôleur Général des Finances a
» été simplement l'exécuteur des or-
» dres de Sa Majesté.

» Ainsi n'ayant fait aucune gestion
» qu'en vertu des ordres du Roi, je ne
» suis point obligé d'en rendre compte ;
» mais un motif d'honneur, & le res-
» pect que je dois à Votre Altesse Roya-
» le, me pressent également de don-
» ner des éclaircissemens sur l'état où
» étoient les Finances au 20 Février
» 1708 , sur ce qui a été fait pendant
» sept ans & demi jusqu'à la mort du
» Roi, pour soutenir les dépenses de la
» Guerre & tout l'Etat, & sur la si-
» tuation où étoient les Finances au
» premier Septembre 1715.

» Le premier objet auquel je donnai
» toute mon attention, fut de recon-
» noître les dettes de l'Etat & les pa-
» piers qui étoient décrédités, & qui
» avoient fait resserrer l'argent à un
» tel excès, que le payement des trou-
» pes avoit manqué dans presque tous
» les départemens. On ne pouvoit sans
» imprudence faire publiquement cette
» reconnoissance ; il falloit au contraire

» cacher

» cacher le mal, pour ne pas manquer
» totalement ; mais les papiers qui
» étoient dûs au Public ont été si con-
» nus , que la simple explication en fait
» voir la vérité.

» Il étoit dû au Public
» au 20 Février 1708 pour
» les nouveaux billets de
» monnoie réformés en
» 1707. . . . .

» Billets de monnoie
» convertis en billets des
» Fermiers Généraux des
» Fermes unies & des Re-
» ceveurs Généraux des
» Finances , payables en
» cinq ans. . . . .

» Anciens billets de
» monnoie non réformés,
» gardés par ordre dans
» les Caisses des Tréforiers
» dont il falloit faire les
» fonds. . . . .

» Billets des Sous-fer-
» miers des Aides par for-
» me de prêt. . . . . . .

» Promesses de la Caisse
» des Gabelles. . . . . .

» Billets d'emprunt des

	liv.
les nouveaux billets de monnoie réformés en 1707	72000000
convertis en billets ... payables en cinq ans	54435825
Anciens billets ... fonds	9570248
Billets des Sous-fermiers des Aides par forme de prêt	7200000
Promesses de la Caisse des Gabelles	60453760

203659833

De l'autre part... 203659833

» Tréforiers de l'extraor-
» dinaire des Guerres, &
» des Adjoints qui leur
» avoient été donnés pour
» foutenir les dépenfes de
» leurs exercices des an-
» nées 1706 & 1707..... 61705827

» Intérêts échus de ces
» différentes parties..... 27991665

» Il étoit dû aux Tréfo-
» riers de toute nature pour
» ordonnances & états
» non acquittés. 102366833

» Il avoit été confommé
» par avance fur les reve-
» nus de 1708, pour les
» dépenfes de 1706 &
» 1707. 54833833

» Plus, fur les années
» 1709, 1710, 1711 &
» 1712, il avoit été con-
» fommé par avance..... 14286670

» Emprunt fait à Gênes. 2000000

» Il étoit dû au Sr Ber-
» nard, pour avances fai-
» tes pour les troupes, &
» pour lefquelles il lui

466844661

De l'autre part 46684466ı

» avoit été donné des bil-
» lets des Tréforiers de
» l'extraordinaire des guer-
» res qu'il a fallu rempla-
» cer. 11000000

  » Aux freres Hogguer,
» pour les avances faites
» pour l'armée d'Italie en
» 1706, plus de 5000000
             48284466ı

  » Les dépenfes de l'an-
» née 1708 , fuivant les
» ordonnances. 202788354

    Total 685633015

  » Les fonds de l'année 1708 ayant
» été prefque entierement confommés
» par avance , il ne reſtoit de fonds li-
» bres de l'année 1708 , déduction faite
» des charges & affignations anticipées,
» que vingt millions trois cent quatre-
» vingt-huit mille cent trente-huit li-
» vres.
  » Il n'avoit été fait aucune difpofi-
» tion pour les vivres de la Campagne :
» nul fonds pour les remontes & les
» recrues.

» Tel étoit alors l'état des Finances
» du Roi, des dettes de l'Etat, & des
» fonds qui restoient pour satisfaire à
» toutes ses dépenses, lorsque M. de
» Chamillart, chargé d'ailleurs du dé-
» tail de la guerre, supplia le Roi de le
» décharger d'un fardeau qui devenoit
» tous les jours plus pesant : à quoi on
» peut ajouter que la rareté de l'es-
» pece, les sommes considérables dûes
» aux Trésoriers & aux Entrepreneurs,
» le défaut de payement des assigna-
» tions, le discrédit des effets du Roi,
» & l'usure qui se faisoit sur les billets
» de monnoie & sur toute sorte de pa-
» piers, avoient mis les Finances dans
» un état qui paroissoit sans remede.

» Le Roi me nomma Contrôleur
» Général dans cette affreuse situation.
» Elle m'étoit assez connue : le peu de
» possibilité de satisfaire à tant de dé-
» penses avec si peu de fonds, me pa-
» rut dans toute son étendue ; je sentis
» tout le poids d'une pareille Com-
» mission : mais le Roi ne me laissa pas
» la liberté de lui représenter ce que je
» sçavois & ce que je connoissois de
» l'état de ses Finances. Il me prévint
» & s'expliqua nettement, me disant
» qu'il connoissoit parfaitement l'état

» de ſes Finances, qu'il ne me deman-
» doit pas l'impoſſible; que ſi je réuſ-
» ſiſſois, je lui rendrois un grand ſer-
» vice dont il me ſçauroit beaucoup de
» gré, & que ſi le ſuccès n'étoit pas
» heureux, il ne m'en imputeroit pas
» les évenemens.

» Je crus devoir commencer cette
» difficile adminiſtration par un coup
» déciſif, & qui marquant au Public
» que je connoiſſois l'ordre & l'écono-
» mie d'une bonne régie, étoit ſeul ca-
» pable de donner à l'eſpece ſa pre-
» miere circulation & de ranimer la
» confiance.

» Je compris que le Tréſor Royal,
» comme le centre de la Finance, de-
» voit recevoir tout le produit des re-
» venus de Sa Majeſté, & je m'attachai
» à l'y faire remettre tout entier à l'é-
» chéance de chaque payement.

» Quatre raiſons principales m'y dé-
» terminerent.

» Premierement, pour engager les
» Comptables à payer plus réguliere-
» ment qu'ils n'avoient fait.

» Secondement, pour empêcher que
» ceux qui avoient pris des engage-
» mens pour le ſervice, ne fuſſent plus
» long-tems expoſés à eſſuyer de longs

» retardemens, ni privés, par les mau-
» vaises difficultés des Comptables ,
» d'une partie de leurs intérêts , dont
» le retardement jusqu'alors avoit fait
» un tort considérable au crédit du
» Roi.

» Troisiemement , parce qu'en fai-
» sant porter directement à la Caisse du
» Trésor Royal le produit des reve-
» nus de Sa Majesté, je redonnois à
» cette Caisse un crédit éteint depuis
» long-tems , persuadé que le seul
» moyen de dissiper la supériorité usu-
» raire que l'espece avoit prise sur le
» papier, & de faire sortir l'espece ,
» étoit de faire voir au Public beau-
» coup d'argent circuler dans la Caisse
» du Roi.

» Quatriemement, je pensai à éta-
» blir une régie certaine, & qui me mît
» en état de pourvoir aux dépenses les
» plus pressées par la connoissance du
» fonds certain que j'aurois dans cette
» Caisse , suivant les bordereaux qui
» m'en seroient remis toutes les semai-
» nes & tous les mois.

» Cet arrangement fut applaudi, &
» eut tout l'effet qu'on en pouvoit at-
» tendre.

» Pour parvenir à l'exécution de ce

» projet , il falloit rendre libres les
» fonds de l'année 1708, qui avoient
» été consommés entierement par des
» assignations anticipées , lesquelles
» avoient été tirées pour les dépenses
» des années précédentes.

» Le Roi ordonna qu'elles feroient
» rapportées & réassignées sur l'année
» 1709 : ce qui fut exécuté. La diminu-
» tion des especes qui avoit été annon-
» cée pour le premier Mars 1708, &
» successivement dans les autres mois
» de la même année, détermina tous
» les porteurs d'assignations à les rap-
» porter sans peine, pour éviter les di-
» minutions qu'ils auroient souffertes,
» si on avoit pû les acquitter exacte-
» ment.

» Il faut observer que ces fonds n'é-
» tant pas, à beaucoup près, suffisans
» pour fournir aux dépenses les plus
» pressées & les plus nécessaires , il fal-
» lut penser à augmenter le crédit &
» faciliter de nouveaux emprunts ; &
» comme il avoit été ordonné par un
» Arrêt du 29 Octobre 1707 , que tous
» les payemens ne pourroient être faits
» ni stipulés que les trois quarts en es-
» peces & l'autre quart en billets de

» monnoie, le défaut de liberté dans
» les conventions qui fe pouvoient faire
» entre le prêteur & l'emprunteur, fai-
» foit toujours refferrer de plus en plus
» l'efpece ; le Roi permit par Arrêt du
» 27 Février 1708 la liberté des ftipu-
» lations. Cet Arrêt & les diminutions
» annoncées cauferent un affez grand
» mouvement d'argent, & donnerent
» les moyens de foutenir les dépenfes
» de cette année 1708. Il fallut encore
» avoir recours à d'autres expédiens.
» On créa par quatre Edits deux mil-
» lions cent mille livres de rente fur
» l'Hôtel-de-Ville au denier feize, au
» principal de trente-trois millions fix
» cent mille livres. On créa auffi des
» augmentations de gages, que les Of-
» ficiers des Compagnies Supérieures,
» les Officiers de Police & ceux de Fi-
» nance furent obligés de lever, qui
» produifirent la fomme d'onze millions
» quatre cent mille livres.

» On fit auffi divers Traités d'affai-
» res extraordinaires, dont le total étoit
» de trente-fix millions.

» Tous ces expédiens produifirent
» les fonds pour les dépenfes de la Cam-
» pagne de 1708 : ce qui étonna les en-
» nemis

» nemis de la France, qui étoient per-
» fuadés que les Finances étoient aban-
» données comme infoutenables.

» Le mauvais événement de la ba-
» taille d'Oudenarde , & la prife de
» Lille, firent retomber les affaires dans
» une nouvelle confufion, & dans un
».embarras dont avec raifon on pou-
» voit defefpérer de fe tirer.

» Les Ordonnances pour les dépen-
» fes de l'année 1708 ont   liv.
» monté à la fomme de.... 2027883 54
» Il a été affigné fur di-
» vers fonds. 184423036

» Partant refte à affi-
» gner. 18365318

» Les fonds ordinaires
» & extraordinaires de
» l'année 1708 , & des
» précédentes , ont pro-
» duit depuis le 20 Février
» 1708. 229059467
» dont il a été confommé
» pour les dépenfes de l'an-
» née 1708. 184423036
         Refte 44636431

» Lefquelles ont été affignées pour
» les dépenfes des années précédentes.

Tome IV.   D d

» Le détail de tous ces arrangemens
» compose un gros volume ».

Voici le détail des affaires extraordinaires.

	liv.	f.	d.
Offices de Gardes des Archives dans les Parlemens & Cours supérieures, 1098000 liv. net...	915000		
Cinquante Offices de Jurés Auneurs & Visiteurs de toile à Paris ; 500000 l. net	416666	13	4
Offices de Contrôleurs des épices & amendes & augmentations de gages à divers Officiers, 1000000 liv. net...	900000		
Offices de Mede-cins & Chirurgiens des Armées, 1800000 liv. net...	1500000		
Augmentation du Traité de la Chambre des Eaux & Forêts en chaque Parlement du Royaume, créée en 1704; résultat de 200000			
	3731666	13	4

	liv.	ſ.	d.
De l'autre part.	3731666	13	4
liv. net.	166666	13	4
Commiſſaires généraux aux Décrets volontaires; 1200000 liv. net. . .	1000000		
Offices de Secrétaires du Roi dans les Chancelleries Préſidiales, 4320000 liv. net.	3600000		
Confirmation des Offices de Greffiers des Domaines de gens de main-morte, Greffiers des inſinuations laïques créés en 1691, Contrôleurs deſdits Greffiers & Notaires Royaux Apoſtoliques; 1000000 livres net.	833333	6	8
Augmentation des Offices des Monnoies, 1000000 liv. net.	833333	6	8
Inſpecteurs, Con			
	10165000		

liv. f. d.

De l'autre part 10165000

trôleurs, Marqueurs de toutes sortes de bas , & autres ouvrages au métier ; résultat 350000 liv. net. 291333 6 8

Offices d'Inspecteurs des Eaux & Forêts ; 1200000 livres ; net. 1000000

Inspecteurs des Fermes générales des, Gabelles , entrées & sorties du Royaume, 1500000 liv. net. 1350000

Payeurs triennaux des gages des Bureaux des Finances du Royaume ; 600000 liv. net. . . 500000

Union des cent Offices de Vendeurs de volailles , aux trois cent Offices de Contrôleurs , Courtiers , avec attribution du dixieme en

_____

13306333 6 8

	liv. f. d.
De l'autre part	13306333 6 8
sus de leurs droits...	2163450

Inspecteurs Contrôleurs de porcs, dans tout le Royaume; 1100000 l. net.   990000

Contrôleurs pour la recette des Tailles de la Généralité de Bordeaux; 180000 liv. net.   156000

Idem pour la Généralité de Montauban; 530000 liv. net   459333 6 8

Secrétaires du Roi au Bureau des Finances de Lille, 108000 liv. net...   90000

Offices de Receveurs & Contrôleurs Généraux anciens alternatifs & triennaux des droits d'amortissement, francs-fiefs, &c. avec attribution aux Officiers des Bureaux des Finances

	17165116 13 4

	liv.	f.	d.

De l'autre part   17165116 13 4
du quart defdits
droits dont ils fe-
ront la liquidation ;
2620000 liv. net...   2283333 6 8
   Tréforiers , Re-
ceveurs particuliers
des Tailles en la Gé-
néralité de Greno-
ble , 700000 liv. net   630000
   Union de fix
Commiffions d'In-
tendans du Com-
merce à fix Offices
de Maîtres des Re-
quêtes........   900000
   Attribution d'hé-
rédité à quelques
Offices , 400000 li-
vres ; net. 333333 6 8
   Attribution d'hé-
rédité aux Officiers
des Siéges d'Ami-
rauté en Bretagne ;
augmentations de
gages aux anciens
Secrétaires du Roi ,
près les Cours fupé-

_____

   21311783 6 8

	liv.	s.	d.
De l'autre part	2131178	6	8

rieures, & 60 Courtiers à Marseille, 1200000 liv. net.... 1000000

Un sol d'augmentation sur le suif à Paris pendant onze ans. 2400000

Affranchissement des droits Seigneuriaux par estimation ; résultat 200000 liv. net. . . 180000

Affranchissement des albergues, rentes & redevances annuelles des Domaines en Languedoc, 180000 liv. net 150000

Quinze Offices d'Huissiers par augmentation dans la Jurisdiction Consulaire de Paris, 150000 liv. net. . . 125000

Huissiers ordinaires dans toutes les Jurisdictions Consu-

	2516678	6	8

D d iiij

	liv.	f.	d.
De l'autre part. 25166783	25166783	6	8
laires du Royaume; 100000 liv. net....	83333	6	8

Vérificateurs par-ticuliers, alternatifs & triennaux des rô-les pour la diftribu-tion du fel, dans les Provinces & Géné-ralités du Royau-me; 480000 liv. net   400000

Deux Offices de Contrôleurs , an-cien, mi-triennal & alternatif , au lieu des trois Offices de Contrôleurs du bar-rage & pavé de Pa-ris ; deux Contrô-leurs Généraux des Ponts & Chauffées de la Généralité de Paris, & Offices de Tréforiers & Con-trôleurs des Ponts & Chauffées du Royaume ; réfultat 450000 liv. net. . .   375000

26025116	13	4

	liv.	f.	d.
De l'autre part	26025116	13	4
Cinquante Offices de Jurés Contrôleurs de Fruits à Paris ; 400000 liv. net	333333	6	8
Rétabliffement de la Milice Bourgeoife dans toutes les Villes & Bourgs fermés du Royaume ; 1200000 liv. net....	1000000		
Deux cent Offices d'Infpecteurs de Police fur les vins , &c. dans la ville & fauxbourgs de Paris; 1600000 livres ; net.	1440000		
Syndics généraux des rentes de l'Hôtel-de-Ville & de la Tontine ; 1233759 liv. 5 fols 1 den. net	1110383	6	7
Trente-trois Offices de Commiffaires ordinaires Provinciaux des guerres dans tout le Royaume ; 1260000 l. net	1071000		
	30979833	6	7

	liv.	f.	d.
De l'autre part	30979833	6	7
Contrôleurs d'Exploits en Bourgogne; 1200000; net . . .	1000000		
Confirmation des Dixmes inféodées & patrimoniales ; . . 2000000 liv. net . .	1666666	13	4
100000 livres d'augmentations de gages attribuées aux Officiers de Police ; 1600000 liv. net . .	1333333	6	8
Tréforiers généraux des deniers de la Communauté des Officiers de Police à Paris ; 2500000 liv. net	2083333	6	8
Maréchauffée de Bretagne ; 400000 livres ; net	333333	6	8
Aliénation des Domaines de haute, moyenne & baffe Juftice ; 3000000 livres ; net	2500000		

Quarante Offices

	39996499	19	11

	liv.	f.	d.
De l'autre part	39996499	19	11

nouveaux d'Agens de Change à Paris; 800000 liv. net 720000

Greffier alternatif & triennal dans toutes les Elections du Royaume, & Receveur triennal des Elections de Saint Lo, Pontoife, Dreux, Eu, & de Charité; 600000 livres; net . 500000

Trois Offices de Commiffaires Contrôleurs & Vérificateurs généraux des ventes à Paris, ceux de de 1705 fupprimés; 44000 liv. net 39600

Rachat de la Capitation dans les Païs d'Etats; 3000000 livres; net 2500000

Rachat de la Capitation dans les dix-neuf Généralités des Pays d'Elec-

	43756099	19	11

liv. f. d.

De l'autre part 43756099 19 11
tions & autres dé-
partemens; 4930000
livres ; net 4108333 6 8
Payeurs des ga-
ges, rentes & autres
charges fur les Ga-
belles de France &
Lyonnois , Aides &
autres Fermes du
Royaume ; réfultat
de 300000 liv. net. 250000
Contrôleurs or-
dinaires Provin-
ciaux des guerres
dans le Royaume ;
792000 livres ; net. 660000
Avocats du Roi
dans les Hôtels-de-
Ville , Elections &
Jurifdictions ;
600000 livres : net. 500000
Offices de Con-
trôleur général
triennal, Receveurs
particuliers trien-
naux des Finances
& autres impofitions

49274433 6 7

	liv.	f.	d.
De l'autre part	49274433	6	7

De l'autre part dans les Provinces & Généralités d'Alsalce & de Metz ; & d'un Receveur particulier des Tailles & autres impositions dans chacune des cinq Sénéchaussées de Béarn & de Navarre ; 400000 livres ; net 333333 6 8

Départeurs des impositions en la Province deLanguedoc ; 1000000 l. net   833333 6 8

Tréforiers Receveurs généraux des Epices, & Contrôleurs dans les Chambres des Comptes du Royaume ; 900000 livres ; net   750000

Contrôleurs Visiteurs de toutes fortes de fuifs dans tout le Royaume ; 3600000 liv. net...   3000000

54191099 19 11

	liv.	f.	d.
De l'autre part.	54191099	19	11

Rétabliſſement des Offices de Gou-verneurs dans les Villes où ils n'a-voient point été le-vés ; & créations de Lieutenans de Roi & Majors dans les Vil-les cloſes ; 800000 livres ; net 666666   13   4

Offices de Con-ſeillers Inſpecteurs du droit équivalent en Languedoc ; de deux Conſeillers Re-ceveurs généraux des Fermes des Ga-belles , l'un ancien & mi triennal , & l'autre alternatif & mi - triennal & de deux Contrôleurs généraux deſdits Re-ceveurs dans les Gé-néralité de Toulou-ſe & Montpellier ; 700000 livres ; net. 600750

Total 55458516   13   3

Indépendamment des créations de rentes & augmentations de gages dont parle M. Desmarets, il fut avancé sur le Bail du Contrôle des actes. . . . . 2600000 liv.

Sur la Ferme du tabac . . . 375000

Sur la Ferme des Greffes réunis au Domaine 705000
_____
3,680000

Ces avances entroient sans doute en ligne de compte des revenus & impositions.

Je trouve aussi que le Bail des Fermes fut passé sous le nom d'Isambert pour quarante-six millions deux cent soixante-douze mille six cent livres ; ainsi depuis 1684 elles étoient diminuées de dix-sept millions environ.

Les impositions montoient dans cette année à . . . . . . 119723286 liv.

Les charges & diminutions à . 73721852

Ainsi la partie du Trésor Royal montoit à 46001434

On reçut par anticipa-

	liv.
De l'autre part...	4601434
tion jufqu'à l'année 1714.	3376523
Sur l'année 1715 ...	1664583
1716	410700
Sur la Capitation ...	30277735
Affaires extraordinaires par Traités	55358516
Rentes	33600000
Augmentations de gages	11400000
Fonds des années précédentes	46969976
	229059467

Voyez l'Etat de dépenſe de 1708.

Pour retirer les billets de monnoie non réformés, il avoit été ordonné le 4 Février qu'ils feroient portés au Garde du Tréfor Royal qui les convertiroit en rentes an denier dix-huit, fuivant la Déclaration du mois de Mai 1707 ; mais cet arrangement fut encore changé, & au mois de Décembre 1708 ce payement fut affigné pour les billets des Fermiers Généraux & des Receveurs Généraux, au lieu de le conferver pour les billets de monnoie, parce que dèslors on méditoit la refonte qui fe fit en 1709 pour les retirer.

Le

DEPENSE *de* 1708.

	Ordonnances expédiées.	Sommes assignées.	Reste à assigner.
Extraordinaire des guerres	89898987 liv.	84742802 liv.	5156185 liv.
Pain de munition	11000582	10280201	720381
Etapes	5969702	5550286	419416
Gardes du Corps & autres petits Tréforiers	5172848	5172848	
Artillerie	4573443	4313928	259515
Fortifications.	2082799	1155597	927202
Marine	14869828	10260100	4609728
Galeres	2818803	2737522	81281
Maifons Royales	9867708	9648622	219086
Dépenfes du Trésor Royal	56533654	50561130	5972524
	202788354	184423036	18365318

Cependant il ne faut pas croire que tous les fonds pour les dépenses de 1708, fuivant cet état, fuffent rentrés dans l'année, ni que les fommes affignées fuffent par conféquent payées de même. Voici la diftribution des Ordonnances.

Payé fur les fonds de 1708	144632560	
Affigné en 1709	18454723	
1710	10457880	
1711	12758333	
1712	8451781	liv.
1713	1255433	229059467
1714	843720	
Affigné pour les dépenses de 1707 & les précédentes.	12617437	
Réaffignations , ...	18741547	
Rembourfemens d'avances	846053	

Le grand nombre de billers des Trésoriers Généraux de l'extraordinaire des
guerres, ne causoit gueres moins de
préjudice au Commerce par les gains
usuraires auxquels l'incertitude du payement donnoit lieu. Dès le 14 Février
il fut aussi permis de les convertir en
contrats au denier seize sur l'Hôtel-de-
Ville.

Ces avantages ne rehausserent point
leur crédit, & ne remédioient point
au mal, puisque des contrats n'étoient
pas négociables ni propres à acquitter
les dettes exigibles des Fournisseurs.
Toute autre méthode étoit préférable
à celle-là, dont les suites sont infinies
par le haut prix que l'on donne aux fournitures, & la baisse qui en résulte sur
tous les effets publics.

Si dans ces circonstances affreuses il
est encore quelque choix dans les
moyens, en étoit-ce un bon de per-
mettre le rachat de la Capitation ? L'E-
tat n'avoit presque plus conservé de
branche de revenu entiere que celle-là ;
les riches étoient sa seule ressource, &
on leur présentoit un moyen nouveau
de s'exempter des contributions. Si l'on
avoit dessein de manquer à l'engage-

ment, l'exemple & le principe étoient encore plus dangereux.

Pendant toute cette année les Monnoies furent diminuées infenfiblement, & enfin réduites pour le premier Janvier 1709 aux prix fuivans.

	liv.	f.	d.
Les louis d'or à . .	12	15	
Les écus à . . .	3	8	
Les pieces de vingt fols à		15	
Les pieces de dix fols à		7	6
Les pieces de quatre fols à		3	9

Ces diminutions ordinaires, le foin de rapprocher les anciennes & les nouvelles efpeces, indiquoient clairement au Public qu'il avoit été trompé. Comme d'ailleurs chaque réforme avoit été précédée d'une diminution, afin d'en accroître le prétendu bénéfice, le Public s'y étoit tellement accoutumé, que l'argent n'en étoit que plus refferré. Perfonne ne vouloit prêter, de peur qu'on ne lui rendît de la monnoie foible, & peu de gens s'empreffoient ou même avoient le moyen de rembourfer en monnoie forte ce qu'ils avoient reçu en monnoie foible. L'on attendoit les évenemens, & l'argent pendant cet intervalle ne faifoit aucune fonction dans le Commerce. Par la même raison les denrées qui se pouvoient conserver ne s'apportoient point dans le Commerce. De toutes manieres les communications étoient interceptées entre les hommes. Etoit-ce le moyen de ramener le crédit dont la confiance est le seul motif ?

M. Desmarets a rendu de trop grands services à l'Etat pour que l'esprit de critique entre pour quelque chose dans les doutes qui sont proposés ici. Il est du nombre de ces Ministres dont l'administration mérite d'être approfondie à divers égards ; & ce sera pour lui une matiere éternelle d'éloge, non-seulement de n'avoir pas desespéré du salut de la République, mais d'avoir contribué par ses mesures à la conserver encore quelques années.

Les circonstances étoient forcées, & il ne laissa pas de se rapprocher des bons principes par l'économie qu'il employa dans divers recouvremens, par la méthode qu'il introduisit des emprunts à termes en forme de rentes tournantes, enfin par le courage qu'il eut de recourir à l'imposition dans un moment où la Nation paroissoit épuisée, plutôt que d'augmenter ses détresses & ses malheurs par une fausse pitié. Nous ne laisferons pas de faire les observations qui paroîtront nécessaires à l'instruction publique.

La confiance qu'inspira l'avénement de M. Desmarets au Ministere, prouve combien il est intéressant en général pour un Etat de placer les hommes de réputation dans les grandes parties de l'administration ; mais sur-tout lorsque le Gouvernement a embrassé quelques fausses mesures. M. Desmarets connut l'avantage de sa position, & en profita habilement pour débuter par une opération capable de donner des espérances. C'est l'exemple de la conduite que doit tenir un Ministre en pareil cas ; & moins il est de tems à répondre au vœu public, mieux il réussit. Les premieres impressions s'effacent difficilement chez le Peuple, qui va toujours au-devant de la confiance.

La Compagnie des Indes Orientales dénuée de fonds, de vaisseaux, endettée aux Indes de très-grosses sommes, n'osoit plus reparoître dans la plupart des endroits où elle avoit coutume de faire ses achats. Elle accorda à divers Négocians les mêmes conditions qu'avoit obtenues précédemment la Compagnie de Jordan. Le sieur Crosat en

obtint une pour deux vaisseaux ; les
Négocians de Saint-Malo entre autres
vengerent la cause de la liberté. Ils firent en peu d'années des fortunes immenses dans ce Commerce, qui depuis
1664 coûtoit au Gouvernement sept à
huit millions en pure perte.

ANNÉE 1709.

« La nécessité de continuer la guerre
» fit penser aux moyens de rétablir la
» confiance & de faciliter la négocia-
» tion des assignations qu'il falloit don-
» ner en payement aux Banquiers, Tré-
» soriers, Entrepreneurs & autres,
» chargés de fournir les dépenses. On
» se proposa d'ordonner que les assi-
» gnations, qui avoient été tirées par
» avance sur les revenus de l'année,
» seroient acquittées à leur échéance.
» Ce Réglement fait par un Arrêt du
» 19 Février 1709, eut d'abord tout le
» succès auquel on s'étoit attendu ; les
» porteurs des assignations tirées par
» avance, voyant leur payement assu-
» ré, se déterminerent à prêter aux Tré-
» soriers, aux Munitionnaires & autres,
» l'argent qu'ils reçevoient du payement
» de leurs assignations ; mais cette dif-

» pofition changea bien-tôt après. La
» rigueur de l'hyver & la difette des
» grains firent refferrer l'argent plus que
» jamais. Cependant il falloit pourvoir
» aux dépenfes de la guerre, affurer le
» prêt des troupes & leur fubfiftance,
» & remédier promptement à la cherté
» des grains dans tout le Royaume.

» Dans une fi trifte fituation, on n'a-
» voit pas la liberté de choifir des
» moyens qui puffent furement &
» promptement produire l'argent né-
» ceffaire pour les dépenfes. Il fallut
» prendre ceux dont on s'étoit fervi
» dans les années précédentes, quoi-
» que le fuccès en fût fort douteux.
» On créa de nouvelles rentes fur l'Hô-
» tel-de-Ville. On créa pareillement des
» augmentations de gages qui furent at-
» tribuées à différens Officiers, & on en
» fit des Traités particuliers, afin de
» s'affurer des fonds comptans pour le
» payement des dépenfes.

» Les expédiens ordinaires de Finan-
» ces, auxquels d'abord on s'attacha,
» auroient été une foible reffource, fi
» par un bonheur, auquel on ne s'at-
» tendoit pas, les vaiffeaux qui avoient
» été dans la mer du Sud, n'étoient heu-
» reufement arrivés dans les Ports de

» France. Leur chargement étoit très-
» riche, & ils avoient dans leurs bords
» pour plus de trente millions de ma-
» tieres d'or & d'argent. On propofa
» aux intéreffés dans leur chargement
» de porter aux Hôtels des Monnoies
» toutes les matieres, & d'en prêter
» au Roi la moitié, pour laquelle on
» leur donna des affignations fur les re-
» cettes générales, & l'intérêt à dix
» pour cent ; l'autre moitié leur fut payé
» comptant, pour le payement des équi-
» pages des vaiffeaux & de ce qu'ils de-
» voient faux Marchands & autres qui
» leur avoient vendu les marchandifes
» dont ils avoient compofé le charge-
» ment de leurs vaiffeaux, pour être
» débitées au Pérou.

» Les Billes de Monnoie fubfiftoient
» toujours, & caufoient un grand de-
» fordre dans le Commerce ; il falloit
» travailler à les éteindre, ou fe réfou-
» dre à voir manquer entierement le
» payement des troupes, & toutes les
» dépenfes néceffaires à l'Etat.

» On crut devoir profiter des matieres
» qui fe trouvoient en abondance dans
» les Hôtels des Monnoies, pour faire
» une refonte générale & fabriquer de
» nouvelles efpeces différentes en poids

» des précédentes ; & il fut ordonné par
» Edit du mois de Mai de la même an-
» née 1709, que les louis d'or fabri-
» qués en vertu de l'Edit du mois d'A-
» vril précédent, auroient cours pour
» vingt livres, au lieu de feize livres
» dix fols, & les écus pour cinq li-
» vres, au lieu de quatre livres huit
» fols.

» A la faveur de cette augmentation,
» on fe propofa de remédier au mal
» que caufoient les billets des Mon-
» noies.

» Pour cet effet, il fut ordonné qu'il
» feroit reçu dans les Hôtels des Mon-
» noies cinq fixiemes en efpeces ou ma-
» tieres, & un fixieme en Billets de
» Monnoie, pour être le tout payé
» comptant en nouvelles efpeces.

» Quatre raifons principales déter-
» minerent à faire la refonte géné-
» rale.

» La premiere étoit la facilité de
» pourvoir en efpeces nouvelles au
» payement comptant de celles qui y
» feroient portées, les matieres ve-
» nues de la Mer du Sud ayant fourni
» aux Hôtels des Monnoies les fonds
» néceffaires.

» La feconde, le retour qui fe feroit

» des

» des especes de France qui avoient
» été portées dans les pays étrangers.

» La troisiéme, le bénéfice qui s'y
» trouveroit pour le Roi.

» Et la quatriéme, l'application de
» ce bénéfice à l'extinction des Billets
» de Monnoie.

» Ces différentes dispositions eurent
» un succès heureux ; elles procure-
» rent des fonds pour le payement des
» armées : elles engagerent les porteurs
» des Billets de Monnoie à mettre tout
» en usage pour se procurer cinq fois
» autant d'especes & de matieres qu'ils
» avoient de billets de monnoie ; en-
» fin la refonte produisit l'extinction de
» quarante-trois millions de billets de
» monnoie & d'autres papiers, & ré-
» tablit la circulation des especes.

» On pourvut en même tems à faire
» convertir en nouvelles especes dans
» la Monnoie de Strasbourg, les an-
» ciennes especes qui avoient été fa-
» briquées en exécution de l'Edit du
» mois d'Octobre 1704, pour avoir
» cours seulement dans les Provinces
» d'Alsace & de la Saare. On fit aussi
» quelques Traités pour le rachat de
» la Capitation, & quelques autres

» affaires extraordinaires, jusqu'à la
» concurrence de trente millions.

» La plus importante affaire, & celle
» qui donna plus de peine, fut celle de
» pourvoir à l'excessive cherté des
» grains, pour en fournir la quantité
» nécessaire pour la subsistance des ar-
» mées.

» On fit sur toutes les Provinces une
» imposition de cinq cent cinquante-
» sept mille neuf cent sacs de grains,
» qui furent voiturés avec grande
» peine & beaucoup de risques dans les
» dépôts nécessaires pour les armées :
» le prix en fut depuis trente jusqu'à
» quarante livres le sac, qui ont été
» remboursées en plusieurs années sur
» les impositions des Provinces qui les
» avoient fournis ; & la dépense des
» vivres de cette année a passé quaran-
» te-cinq millions.

» Il falloit aussi donner attention à la
» Ville de Paris & aux Provinces qui
» se ressentoient de la disette des grains.
» On fit pour cet effet des marchés avec
» plusieurs particuliers pour en faire
» venir des Pays étrangers. Il y en eut
» un pour faire venir de Barbarie &
» des Isles de l'Archipel, dans les ports

» de Toulon, Marseille & Cette, cent
» vingt mille quintaux de blé-froment,
» pour être ensuite conduits à Paris :
» on en fit un autre pour tirer des
» blés du Nord par Dantzick.

» Il y eut aussi divers Traités pour
» faire venir des blés des Pays étran-
» gers. On peut dire avec confiance,
» que ces attentions non seulement em-
» pêcherent l'excessive augmentation
» du prix des grains, mais même qu'el-
» les produisirent une diminution du
» prix auquel les grains avoient été por-
» tés, aussi-tôt qu'on sçut que ces trai-
» tés avoient été faits.

» Le malheureux état où étoit le
» Royaume pendant l'année 1709, ne
» doit pas facilement s'effacer de la mé-
» moire des hommes : il falloit bien
» d'autres attentions pour encourager
» les Sujets, & pour pourvoir à la sub-
» sistance de Paris. Le Roi suspendit les
» exemptions des Tailles accordées aux
» Officiers créés depuis le premier Jan-
» vier 1689, dont la Finance étoit au-
» dessous de dix mille livres.

» Sa Majesté par Arrêt du mois d'Oc-
» tobre 1709, accorda à ses Peuples,
» sur le brevet de la Taille de 1710, une
» diminution de dix millions ; & peu

» de tems après, en fixant les impofi-
» tions de chaque Généralité, elle ac-
» corda encore une autre diminution
» de près de deux millions.

   » Le Roi diminua pareillement les
» droits d'entrée fur les bœufs & mou-
» tons, & fur le vin.

   » Les Ordonnances ex-
» pédiées pour les dépen-
» fes de l'année 1709,   liv.
» montent à la fomme de... 221110547

   » Les fommes affignées
» montent à 199148926

   » Partant refte à affi-
» gner 21961621

   » Pour payer ces dépen-
» fes, les revenus ordinai-
» res de 1709 n'ont pro-
» duit que la fomme de ... 38162827

   » On a confommé par
» avance fur les revenus
» des années à venir, juf-
» ques & compris 1717,
» par des affignations an-
» ticipées 52761404

   » Pour fournir le furplus
» des fommes affignées,
» on demanda plufieurs

                90924231

liv.

De l'autre part... 9092423 1

» avances, tant aux Fer-
» miers des Poſtes & du
» tabac qu'à d'autres par-
» ticuliers, qui monterent
» à............ 7337195

» Et on tira le reſte des
» aſſignations des Domai-
» nes & de la Ferme du
» Contrôle des Actes, du
» rachat de la Capitation
» des particuliers, & celle
» du Clergé, du prêt &
» droit annuel, & de di-
» vers traités, juſqu'à la
» concurrence de 100887500

Total ... 199148926

» Une obſervation très-importante
» à faire, eſt que ces derniers fonds
» de l'aliénation du Contrôle des ac-
» tes des Notaires, du rachat de la ca-
» pitation du Clergé, & du prêt &
» droit annuel, ne ſont entrés que dans
» le cours des années 1710 & 1711 ;
» & que pour parler juſte, on fit ſub-
» ſiſter par une eſpece de miracle les
» armées & l'Etat en l'année 1709,
» au moyen des avances qui furent fai-

» tes par les Fermiers, Receveurs &
» autres, qui prêterent leur argent ou
» leur crédit , & qui ont été rembour-
» fés à mefure que ces différens fonds
» font rentrés.

» On tira un grand fecours du tra-
» vail des Monnoies qui produifirent
» un fonds actuel de onze millions trois
» cent foixante-dix mille fept cent foi-
» xante-treize livres , qui furent em-
» ployées utilement pour le payement
» des troupes ».

Affaires extraordinaires par Traités.

Quarante Offices d'Infpecteurs de Police à Paris , 300000 liv. net	250000 liv.
Quatre Offices de Contrôleurs, au lieu des douze Contrôleurs Généraux des Tréforiers Généraux des Régimens des Gardes Françoifes & Suiffes, &c. réfultat 600000 liv. net. . .	500000
Tréforiers Rece- veurs & Payeurs des	
	750000

	liv.	s.	d.
De l'autre part	750000		

deniers communs &
d'octrois dans toutes
les Villes & lieux où
les Inspecteurs des
boucheries avoient
été établis ; 6000000
liv. net 5000000

Receveurs parti-
culiers des Finances
en Franche - Comté ;
& trois Offices de
Contrôleurs géné-
raux anciens alterna-
tifs & triennaux ;
500000 liv. net 416666 13 4

Confirmation de
la compatibilité de
toutes les Charges ;
3000000 liv. net . . . 2500000

Inspecteurs & Vi-
siteurs de toutes sor-
tes d'huiles à Paris &
dans les Provinces ;
3600000 liv. net . . . 3000000

Echevins, Consuls,
Capitouls & Jurats
dans les Villes du

_____

11666666 13 4

F f iiij

	liv.	s.	d.
De l'autre part 11666666	13	4

Royaume, 1500000 liv. net 1350000

Cent Offices de Vérificateurs des lettres de voitures des marchandises & denrées arrivant par eau dans les ports & quais de la Ville de Paris ; 1000000 liv. net 833333 6 8

Vingt Offices de Commissaires Jurés Visiteurs Marqueurs, Mesureurs & Contrôleurs des bois ouvrés & à bâtir à Paris ; 200000 liv. net 170000

Receveurs Payeurs des droits manuels & autres aliénés sur le sel, dans les greniers du Royaume, 450000 liv. net 375000

Deux Offices de Trésoriers généraux des Invalides de la Marine, l'un ancien

_____

14395000

De l'autre part. 14395000

mitriennal, & l'autre
alternatif & mitrien-
nal ; deux Contrô-
leurs, un Tréforier
particulier & un Con-
trôleur dudit Tréfo-
rier ; 1500000 liv.
net 1250000

42500 liv. d'aug-
mentations de gages
attribuées aux Com-
miffaires de Marine ;
800000 liv. net 666666 13 4

Offices de Gref-
fiers Gardes Confer-
vateurs des Regiftres
des Baptêmes ;
654000 liv. net 545000

Deux lettres de
Maîtrife dans chacun
Art & Métier, & un
Officier Garde des
Archives dans cha-
que Communauté à
bourfe commune à
Paris ; 4200000 liv.
net 3500000
                        _____
                     20356666 13 4

	liv.	s.	d.
De l'autre part	20356666	13	4

Augmentations de gages attribuées aux Capitaines généraux & autres Officiers de Marine ; 1000000 liv. net   833333   6 8

Fabrication de quatre cent mille marcs de pieces de trente deniers à Lyon & à Metz, moyennant....   1200000

Quatre Offices de Commissaires ordinaires des guerres ; 905000 liv. net....   754166 13 4

Trente Offices d'Inspecteurs & Contrôleurs aux placemens des bateaux, gardes d'iceux, &c. 200000 liv. net....   166666 13 4

Déclaration portant désunion pour être vendus à des particuliers des Offices d'Inspecteurs de la Police des Commu-

23310833	6	8

	liv.	s.	d.
De l'autre part	23310833	6	8

nautés de Paris, dont la Finance ne sera pas remplie au premier Avril 1710, net. . . .   725000

Dixieme & fort denier pendant treize mois & demi par augmentation sur différens droits, net   600000

Augmentations de gages attribuées aux huit Inspecteurs Généraux de la Marine, aux huit Commissaires Inspecteurs des vivres de la Marine & autres Officiers ; & vente des Offices de Receveurs des deniers provenans de Vaisseaux échoués & qui font naufrage sur les Côtes ; résultat 626000 liv. net . . .   522000

Deux cent Offices d'Inspecteurs des bâ-

	25157833	6	8

	liv.	s.	d.
De l'autre part. 25157833	6	8

timens, Visiteurs des Matériaux, &c. dans la Ville, Fauxbourgs & Généralité de Paris; 1400000 liv. net. 1274166 13 4

26432000

Affaires extraordinaires sans Traités.

Offices de Payeurs Contrôleurs & Syndics des rentes. . . . 2334000

En Janvier, 600000 livres de rentes au denier seize sur les Aides & Gabelles 9600000

Vingt mille livres de rentes au denier vingt à distribuer dans toutes les familles étrangeres naturalisées en France. . . . 400000

Au mois de Mars, 800000 livres de rente au denier douze & demi sur la Ferme du Contrôle des Actes. 10000000

48766000

De l'autre part. 4876000 liv.

Au mois de Mai,
600000 livres de ren-
te au denier dix-huit. 10800000

Au mois de Mai,
tontine de 10000 liv.
Actions de 50 livres
de rente chacune,
moitié perpétuelles,
moitié viageres,
payables moitié en
argent, moitié en bil-
lets de Monnoie ou
autres papiers Ro-
yaux, à condition de
prendre plusieurs Ac-
tions ; ceux qui n'en
prenoient qu'une,
étoient obligés de
payer les trois quarts
en argent. 10000000

Au mois de Juin,
800000 livres de ren-
te au denier seize sur
les Aides & Gabelles. 12800000

Aux Receveurs des
Tailles de Langue-
doc, 15000 liv. au
denier seize. 240000
                       ─────────
                       82606000

De l'autre part. 82606000 liv.

Aux Officiers Comptables 500000 livres
de même. 8000000

Aux Officiers Garde-Côtes 28800 liv.
de même. 460800

Noblefle aux Commiffair esdes guerres,
en acquérant 39000
liv. de rente au denier vingt. . . . . . <u>780000</u>

Total . . . 91846800

Il fut créé des Offices de Juges des Traites.

On fit un Traité pour le recouvrement des fommes provenant des faux & doubles emplois & autres malverfations commifes dans les comptes des Tréforiers Généraux de la Marine.

Pour la fabrication de deux millions de marcs de pieces de fix deniers de la matiere des canons rompus & défectueux dans les Arfenaux de Marine.

Des Lettres-patentes furent expédiées pour la vente des baliveaux dans les bois dépendans du Domaine, poffédés à titre de don, ufufruit ou engagement.

DEPENSES DE 1709.

		Sommes affig-nées.	Reftes à affig-ner.
linaire des guerres	85848080 liv.	78734481 liv.	7113599 liv.
munition	19783439	17297570	2485869
précédentes	11457303	10349234	1108069
du Corps & autres			
Tréforiers	5441267	5441267	
e	3797041	3446399	350642
tions	2170029	759482	1410547
. . . .	16086852	11674353	4412499
. . . .	2808456	2070571	737885
Royales	10239586	7603004	2636582
es du Trésor Royal	63478494	61772565	1705929
	221110547	199148926	21961621

Diftribution des Ordonnances.

é pour les dépenses de l'année 1708	18653183	
es dépenfes de . . . 1709	169631474	
é fur les fonds de 1710	12418720	
Sur ceux de 1711	11421615	
1712	1085083	
1713	559813	} 220356171
1714 . . . . ;	719480	
é pour les dépenfes des années		
précédentes . . . . ;	1141619	

Le droit fur les Boucheries fut doublé.

Les Impolitions de 1709 montoient à....	1168034127
Les charges & diminutions à	77463811
Ainfi les parties du Tréfor Royal devoient être de	42339606

Par anticipation fur les revenus jufqu'en..... 1714	11341358	
Sur ceux de 1715	3285541	15863620
de 1716	1236721	

Capitation	58103226	
Monnoie	29810760	
Affaires extraordinaires	11370773	198568754 liv.
Prêt des Fermiers	91846800	
Autres Traités par eftimation	7337195	

580172

199148926

Voyez l'Etat des dépenfes de 1709.

M. Defmarets ne s'expliquant qu'en général fur les principales opérations, les détails inférés ici fe trouvent quelquefois un peu différens ; mais le réfultat eft toujours le même , & il eft tiré de pieces autentiques.

Indépendamment des abonnemens de Capitation dont il a déja été parlé, deux des Traités de cette année font voir particulierement combien le befoin eft un mauvais confeiller.

Les vingt mille livres de rentes pour être diftribuées parmi les familles naturalifées, exciterent pour un mince objet un cri général. Les Traitans ne fe contenterent pas de troubler les defcendans de ceux qui s'étoient rendus volontairement Sujets de la France , ils inquiéterent une infinité de familles tranfplantées d'une Province à l'autre. Les étrangers que le Commerce avoit appellés en France & qui fe repofoient fur la foi des lettres de naturalité qu'on leur avoit vendues , fe répandirent en plaintes. Plufieurs quitterent la France, perfuadés que dans un moment de néceffité ils deviendroient fans ceffe l'objet de nouvelles recherches ; & ils répandirent au-dehors un fâcheux préjugé contre le Gouvernement : on voulut arrê-

ter

ter le desordre lorsqu'il n'étoit plus tems.

L'ordre d'abattre tous les jeunes baliveaux des bois du Domaine ne dut pas produire un grand secours, & vraisemblablement la postérité ressentira encore les suites de cette funeste coupe. La rigueur de l'hyver de 1709 dépeupla la France d'une infinité d'arbres utiles même à la subsistance des gens de campagne, & qui ne sont pas encore remplacés ; étoit-ce le moment de sacrifier jusqu'à nos réserves ? La position des affaires étoit déja assez déplorable sans le nouveau fléau qui affligea la France cette année. Il est certain que le bled fut excessivement cher ; cependant on remarqua dans les tems que les vivres d'Italie & de Catalogne en 1692 & 1693 s'étoient faits au mêmes prix dont parle M. Desmarets, quoique les semences ne fussent point gelées comme dans cette année. Si l'on en croit même le rapport des personnes qui ont été témoins des évenemens, c'est encore un problème de sçavoir si dans cette année si terrible la disette en France fut telle qu'on le pensoit. Il est constant que les variations des monnoies & le discrédit public avoient fait resserrer les denrées,

& que l'on en trouva chez les particuliers. Le haut prix ne décide rien, les quantités n'étoient pas connues, & la seule raison d'une recolte évidemment sans ressource suffira toujours pour accroître le prix des grains, surtout dans un Etat où le Commerce n'en est pas libre.

Cette année n'est pas moins célébre par un évenement dont on a parlé diversement : c'est la refonte générale des monnoies du 14 Mai.

Elle fut précédée par une diminution d'especes du 26 Mars, qui réduisit les louis d'or de douze livres quinze sols à douze livres dix sols, les écus de trois livres huit sols à trois livres sept sols, & les divisions à proportion : pour faire cesser, disoit l'Arrêt, les bruits que des gens mal-intentionnés & mal informés faisoient courir d'une augmentation prochaine.

C'étoit dans le fond pour augmenter le bénéfice du Roi. Comme l'objet principal étoit de retirer des billets de monnoie, le Ministre, qui déja leur avoit habilement rendu quelque activité par la liberté des contrats, permit encore de faire couper les billets de mille livres en sommes au-dessous. Il étoit persuadé avec raison que plus les billets de monnoie se trouveroient partagés en petites sommes, plus il en seroit apporté aux Monnoies. Enfin on prit à l'avance toutes les précautions pour réussir dans l'opération, si elle eût été susceptible d'un bon succès.

· Ces gens mal-intentionnés parurent au moins bien instruits au Public : le 22 Avril 1709 le Roi ordonna une nouvelle fabrication de monnoie, avec une augmentation considérable de prix pour une assez foible augmentation de poids ; mais cet Edit n'eut point d'exécution dans la forme : la seule chose qui en fut conservée, ce fut la suppression de plusieurs Offices inutiles dans les Cours des Monnoies , & les retranchemens d'une partie des attributions de ceux qui restoient.

Le 14 Mai une refonte générale fut ordonnée : l'Edit porte que la multiplicité des précédentes reformes & fabrications a produit dans le Public un grand nombre d'especes à des titres, poids & empreintes différentes, qui n'avoient plus entre elles le même volume, ni la même rondeur ; si mal marquées qu'à peine en reconnoissoit-on le caractere , le millésime & la légende ; ce qui avoit servi à couvrir plusieurs

réformations en fraude, & donné lieu
aux Faux-monnoyeurs d'imiter plus facilement toutes les différentes especes
& d'en répandre de fausses : qu'il n'a-
voit point été trouvé de remede plus
prompt que de refondre incessamment
toutes les monnoies d'or & d'argent fabriquées ou réformées jusqu'alors ; &
de les convertir toutes en especes nouvelles sous une même empreinte, pour
les rendre uniformes dans tout le
Royaume : que le profit de la nouvelle
fabrication serviroit à supprimer les
soixante-douze millions de Billets de
monnoie qui avoient cours dans le Public & qui apportoient un préjudice no-
table au Commerce par les usures immenses qu'on y exerçoit journellement
dans l'échange qui s'en faisoit pour de
l'argent comptant ; ce qui ruinoit le
Commerce & empêchoit la circulation
de l'argent dans tout le Royaume.

Il fut ordonné que les louis d'or seroient fabriqués au titre de vingt-deux
carats, mais au remede de fin de dix
trente-deuxiemes de carat par marc,
du poids de six deniers neuf grains &
trois cinquiemes au remede de poids
de douze grains par marc & à la taille
de trente au marc.

Ainsi ces louis nouveaux pesoient vingt-sept grains trois cinquiemes de plus que les anciens, & eurent cours pour vingt livres; ce qui portoit le marc d'or à six cent livres.

Que les louis d'argent ou écus blancs seroient au même titre de onze deniers de fin par marc, & au remede de fin de trois grains, du poids d'une once chacun, au remede de poids de trente-six grains par marc, & à la taille de huit au marc, ce qui portoit le marc d'argent à quarante livres.

Ainsi ces écus pesoient deux deniers seize grains de plus que les anciens, & eurent cours pour cinq livres.

Les divisions dans la même proportion.

Le marc d'or fin fut fixé à cinq cent trente-une livres seize sols quatre deniers & quatre onziemes de denier, au lieu de quatre cent quatre-vingt-quatorze livres six sols quatre deniers.

Le marc d'argent fin à trente-cinq livres neuf sols un denier & un quart, au lieu de trente-deux livres onze sols huit deniers.

Par conséquent les louis de la nouvelle fabrique étoient de la valeur intrinseque de seize livres quatre deniers, & les écus nouveaux de la valeur intrinfeque de quatre livres un fol.

Il fut ordonné que toutes les monnoies d'or & d'argent ci-devant fabriquées, feroient portées aux Hôtels pour y être refondues & payées comptant, fçavoir :

Le marc de vieux louis   liv. f. d.
d'or. 487 10

Le marc de vieux écus. 32 10

Le marc de pieces de
dix & de vingt fols. 29 10 10

Que jufqu'au 15 Juin fuivant les louis d'or vieux auroient cours dans le public pour treize livres, les écus vieux pour trois livres dix fols, & les divifions à proportion ; ce qui établiffoit le marc d'or en vieilles efpeces pour la valeur de quatre cent foixante & onze livres, & le marc d'argent en vieilles efpeces pour la valeur de trente-une livres dix fols.

On efpéroit par ces deux cours différens attirer aux Monnoies les vieilles efpeces, qui devoient y être payées plus cher que dans le Commerce.

Mais cela ne fe paffa point ainfi : les anciennes efpeces difparurent, & chacun prit le parti de les garder, en attendant l'augmentation qui ne pouvoit manquer d'arriver sur ces vieilles especes, & qui arriva en effet ; ou de les faire passer dans l'étranger, qui les prenoit à un prix beaucoup plus avantageux.

Il fut encore ordonné par l'article onzieme de ce même Edit, que pour retirer entierement par le secours de cette nouvelle fabrication les soixante-douze millions de billets de monnoie qui avoient alors cours sur la place, ceux qui apporteroient au Change les cinq sixiemes de vieilles especes & un sixieme valeur en ces billets, seroient payés du montant en nouvelles especes.

Peu de personnes se prêterent à cette illusion. Les billets perdoient à la vérité quatre-vingt pour cent sur la place ; mais on en retiroit au moins la valeur d'un cinquieme : au lieu qu'on leur offroit ici de perdre la totalité de leurs billets, & en outre un quarantie-me de leur argent comptant. C'est ce que le Parlement de Paris entreprit de démontrer dans les Remontrances qu'il fit alors sans succès : mais on se trompa assez singulierement dans le fait, parce qu'on comptoit les louis d'or en nombre, fans égard au poids & au titre.

Si nous fuppofons qu'un particulier fût porteur de billets de mon- liv. f. noie pour la fomme de . . .   487 10

Pour en être payé fans perte (pour fe conformer aux termes de l'Edit), il fal- loit y joindre en vieilles ef- peces cinq fois autant , foit...   2437 10

             2925

Les 2437 liv. 10 f. portées aux mon- noies en louis d'or vieux euffent com- pofé cinq marcs ou cent quatre-vingt- deux louis & demi vieux à vingt-un carats & vingt-deux trente-deuxiemes de carat.

En payement des 2925 liv. le parti- culier eût reçu cent quarante-fix louis neufs à vingt livres , & un écu neuf à cinq livres , ou la valeur de quatre marcs & fept onces d'or à vingt-un ca- rats & vingt-deux trente-deuxiemes de carat ; ainfi la perte étoit d'une once d'or au même titre ; va- liv. f. d. lant 60 17 6

Billets de monnoie. . . . 487 10

     Total de la perte... 548   7 6

                           que

que l'Étranger gagnoit par conféquent,
en nous envoyant en efpeces contre-
faites femblables aux nouvelles, la fomme de 1925 livres.

Il n'y eut donc que les gens fimples,
fans intelligence, ou chargés de beaucoup de petites parties de billets de monnoie, qui fongerent à les convertir en
efpeces : les autres garderent & leur
argent & leurs billets, attendant un
meilleur tems pour les billets & leurs
efpeces : d'autres firent paffer leur argent dans l'Étranger, où le bénéfice de
la refonte fe partageoit avec eux. Il
étoit de trois livres feize fols trois deniers par louis d'or, & de dix-huit fols
neuf deniers environ par écu. Il excé-
doit de beaucoup le rifque du tranfport
évalué communément à deux pour cent;
& il eft difficile que les hommes réfif-
tent à un appas auffi féduifant.

Pour ramener l'argent dans le Commerce, on fut obligé le 4 Juin de hauffer le prix auquel les anciennes efpeces
auroient cours. Le louis d'or fut porté
à treize livres cinq fols, & l'écu à trois
livres douze fols ; ainfi le marc d'or de
vieilles monnoies étoit évalué quatre
cent foixante & quinze livres feize

fols trois deniers, & le marc d'argent trente-deux livres huit fols.

Dès le premier Juillet on fe repentit de cette facilité; les louis d'or vieux furent de nouveau fixés à treize livres dans le Commerce, & les écus vieux à trois livres dix fols.

Le prix du marc d'or des vieilles efpeces dans les monnoies fut reglé à quatre cent foixante & onze livres cinq fols, au lieu de quatre cent quatrevingt-fept livres dix fols, & le prix du marc d'argent à trente-une livres fix fols huit deniers, au lieu de trentedeux livres dix fols, en les accompagnant d'un fixieme en billets de monnoie.

Il feroit très-difficile de deviner les motifs de ce dernier Arrêt : car il augmentoit ceux que les particuliers pouvoient avoir de garder leurs billets de monnoie, & de refferrer leurs vieilles efpeces ou de les envoyer à l'Etranger.

Au premier Octobre, les louis d'or vieux furent diminués à douze livres dix fols, & les écus à trois livres fept fols, jufqu'à ce qu'enfin au premier Janvier 1710, ces vieilles efpeces furent décriées : mais auparavant un Édit du 28 Décembre 1709 leur donna cours dans les recettes, fçavoir, au louis d'or pour treize livres dix fols, & à l'écu pour trois livres treize fols.

Ce dernier Arrêt portoit peine de confifcation des anciennes efpeces qui fe trouveroient chez les particuliers avant ou après décès : un autre article remarquable de l'Arrêt du 28 Décembre 1709, ordonnoit que le marc de vieux louis d'or porté fans billets de monnoie feroit payé fur le pied de cinq cent huit livres quinze fols, au lieu de quatre cent foixante & onze livres cinq fols, avec le fixieme en billets ; & le marc des vieux écus fur le pied de trente-trois livres dix-huit fols quatre deniers, au lieu de trente-une livres huit fols quatre deniers.

Cette différence entre les mêmes efpeces acheva de décider les particuliers au tranfport à l'Etranger, & auroit apporté plus d'inaction dans le Commerce que tous les effets déplorables du grand hyver, fi la cupidité des Etrangers n'avoit établi une efpece de circulation forcée, qui tomba avec une perte énorme pour l'Etat, auffi-tôt que les

Hh ij

diminutions arriverent. C'eft un calcul
fort fimple, & auquel bien des gens ne
firent pas attention pour lors ; & ce
qui étoit un vice paffa pour un bon effet de l'opération. J'ai obfervé en effet , en lifant les Mémoires du tems ,
qu'on apperçut auffi-tôt après l'opération des billets de monnoie , quelqu'efpece d'abondance d'argent fur laquelle
on n'avoit pas compté. On propofa la
même opération au Miniftre en 1718 à
l'égard des billets de l'Etat , & pour
l'autorifer on citoit cette remarque
comme une chofe connue. Les Calculateurs n'étoient pas communs alors
dans notre Nation, pas même parmi les
gens dont c'eft la profeffion ; cependant
il s'en trouva qui expliquerent très-net-
tement dans divers Mémoires au Miniftre la caufe & le vice de cette fauffe
abondance de 1709. Les Etrangers habiles avoient conçu facilemenr que
l'objet de l'augmentation numéraire
étoit principalement d'éteindre les billets de monnoie , que par conféquent
cet objet rempli on reviendroit à une
diminution ; dès-lors envoyant des remifes en France en efpeces contrefai-
tes , ils gagnoient , comme on l'a vû ,

	liv.	f.	d.
fur 2925 livres	548	7	6

mais la diminution du fi-
xieme arrivant après l'extinction des billets de
monnoie, ils retiroient
leurs avances de leurs débiteurs qui devoient alors
leur payer 2925 livres en
monnoie plus forte d'un
fixieme que celle qu'ils
avoient reçue, ci 487 10

Total du gain des E-
trangers, fans compter
les intérêts 1035 17 6

Voilà le récit exact de cette fameufe
opération, qu'un homme d'efprit mauvais calculateur a regardée comme le
falut de l'Etat

Elle apporta dans le Commerce une
monnoie forte & une monnoie foible ;
elle décria de plus en plus les effets mêmes dont le difcrédit, plus encore que
l'abondance, avoit caufé tous les maux
de l'Etat ; ou plutôt elle dépouilla de
leur propriété les porteurs des billets
de monnoie, en leur donnant en échange une valeur idéale qui ne pouvoit

H h iij

_fubfifter ; elle donna aux fpéculateurs
étrangers l'occafion d'un profit de plus
de trente-cinq pour cent , & aux fimples
billoneurs de plus dix-fept pour cent ,
à la diminution évidente de notre capital numéraire.

Pour concevoir toute l'étendue de
la perte de l'Etat, fuivons les faits indiqués par le Miniftere même. Il nous
apprend que l'on retira pour quarante-
trois millions de billets de monnoie ;
donc il ne fut apporté dans les Monnoies que deux cent quinze millions.

Nous avons remarqué qu'à la mort
de M. Colbert on s'accordoit unanime-
ment à penfer que nous avions pour
cinq à fix cent millions d'efpeces mon-
noyées , à vingt-fix livres quinze fols
le marc d'argent. Les refontes & la
guerre en avoient beaucoup fait fortir ;
mais on fçait que depuis 1701 jufqu'en
1716 , le Commerce de la mer du Sud
a fait entrer plus de deux cent millions
d'efpeces dans le Royaume. Suppofons
qu'il n'y en fût encore venu que cent
millions , & qu'ils euffent réparé notre
perte à raifon des réformes ; nous de-
vions encore avoir les fix cent millions
anciens , qui même augmentés en numéraire de plus d'un fixieme , formoient

au moins sept cent millions. Il n'en fut
porté aux Monnoies que deux cent quinze ; par conséquent on en resserra ou
billona quatre cent quatre-vingt-cinq
millions. Le profit de la refonte étoit
de dix-sept & demi pour cent ; par conséquent si l'Etranger refondit seulement
trois cent millions de vieilles especes,
il gagna sur nous, pour l'aider à soutenir
les frais de la guerre, cinquante-deux
millions cinq cent mille livres. Malgré
la pauvreté publique n'eût-il pas mieux
valu que le Roi les eût levés sur son
Peuple ? & les onze millions trois cent
soixante-dix-sept mille sept cent soixan-
te-treize livres de profit sur la refonte,
ne sont-ils pas de l'argent acheté à plus
de cinq pour un ? Encore ne parle-t-on
point de la perte sur les changes dans
un tems de dépenses extérieures considérables, soit à raison de la guerre, soit
à raison de la subsistance nationale, ou
enfin même de ces funestes opérations.

La supposition de deux cent quinze
millions m'est encore confirmée par un
état général du travail des Monnoies
depuis le 14 Mai jusqu'au dernier Décembre. Les matieres tant en or qu'en
argent montoient à cent soixante-quatre millions cinq cent cinquante-trois

mille quatre cent livres , les billets de
monnoie à trente millions neuf cent dix
mille quatre cent livres.

Pour faire conoître combien les lumieres étoient alors bornées sur ces matieres intéressantes,& combien il impor-
te aux Ministres de ne pas accorder lége-
rement leur confiance ; citons les paro-
les mêmes de l'Auteur de ce fatal projet.

» L'augmentation des monnoies ne
» peut produire aucun mauvais effet ;
» il y a peu de remise à faire pour le
» compte du Roi dans le pays étranger.

» Par rapport au Commerce , si cette
» augmentation de monnoies augmente
» le prix des denrées que l'Etat tire des
» autres pays , celles du crû & des Fa-
» briques du Royaume se vendent da-
» vantage à l'Etranger, ce qui fait une
» compensation dans le général du
» Commerce. »

» Quant aux changes, il n'y aura
» ni plus ni moins d'avantage ou de
» perte pour l'Etat ; ils sont réglés sur
» une proportion & une balance arith-
» métique fondée sur le titre , le poids
» & le cours numéraire des especes re-
» çues & rendues en payement de part
» & d'autre. D'ailleurs les variations
» qui arrivent dans les changes sont des

» effets des circonſtances du Commer-
» ce , indépendantes de la fixation du
» cours des eſpeces ».

Ce raiſonnement commence par une
maxime déteſtable & fauſſe, qui eſt de
diſtinguer l'intérêt du Roi de celui du
Peuple & du Commerce : car dans le
cas où le Roi auroit eu des remiſes à
faire à l'Etranger , l'Auteur ſemble reconnoître que la perte eût mérité quelque conſidération. La même perte ſub-
ſiſtoit donc relativement aux Sujets &
au Commerce , & beaucoup plus forte,
puiſque les remiſes du Prince ſont fort
médiocres en comparaiſon de celles de
la Nation.

En ſuppoſant même que la Nation
entiere n'eût aucune remiſe à faire au-
dehors , n'en avoit-elle point à recevoir ? Etoit-on ſans commerce abſolument ? & s'il étoit dû par l'Etranger ,
convenoit-il de lui faire préſent d'une
partie de ſa dette ?

L'Auteur reconnoît que les marchandiſes étrangeres coûteront plus cher ;
ainſi voilà une perte aſſurée pour un
gain incertain qu'il promet par une plus
grande vente au-dehors. Non-ſeulement
ce gain eſt incertain , mais il eſt chimé-
rique ; car les denrées hauſſent de prix

successivement. Quand même elles ne
hausseroient pas de prix, est-il sûr qu'on
en vendît davantage dans une même
proportion ? Enfin, en supposant même
que l'accroissement des ventes fût réglé
proportionellement à la hausse de l'argent, pourquoi faire présent aux Etrangers de cet excédent de nos denrées sans
aucun équivalent ?

A l'égard des changes, le raisonnement porte également à faux. Le prix
du change est fondé sur une proportion
arithmétique du titre, du poids & de
la valeur numéraire des especes reçues
& rendues en payement de part & d'autre : voilà qui est vrai pour le pair réel ;
mais le cours du change s'éloigne de ce
pair réel suivant les circonstances ; &
nulle circonstance n'est plus propre à
mettre ce cours au-dessous du pair réel,
que le discrédit où tombe la Nation parmi laquelle le terme moyen qui sert à
évaluer les échanges n'a point une valeur assurée. De plus la dette des François augmentant sur le champ, & leur
créance diminuant, il falloit bien que
le cours du change baissât à leur des-
avantage.

L'Auteur ne parloit non plus du billonage & du transport de notre argent,

du refferrement des efpeces, que fi la France en eût été à fon premier effai en fait de refonte.

On dira fans doute qu'il ne fuffit pas de montrer clairement les inconvéniens de la refonte de 1709 ; mais que c'eft un de ces defordres forcés que dicte la Loi fuprême de la néceffité. Sans examiner s'il exifte réellement des cas pareils dans l'adminiftration d'un Etat, cherchons quelle étoit la caufe du difcrédit des billets de monnoie & celle qu'on leur imputa.

Le défaut d'exactitude dans le payement fut la véritable fource du décri de ces effets, qui fe communiqua depuis à tous les autres papiers royaux. La caufe de cette inexactitude fut d'un côté le fort intérêt qui y fut attaché ; de l'autre la multiplication des mêmes billets, fans avoir pourvû à un fonds proportionné pour répondre aux demandes de payement qui pourroient être faites.

Les caufes de l'inexactitude furent perpétuellement confondues avec les caufes du difcrédit ; & de cette erreur partirent toutes les fauffes opérations. On s'attacha à retirer du Commerce les billets de monnoie ; & comme on n'avoit pas les moyens de le faire réelle-

ment, on voulut le faire du moins fic-
tivement. Le Commerce fut fatigué
par des marches & contremarches au-
tour du crédit sans pouvoir l'y conduire.

Dès 1706 l'intérêt avoit été retran-
ché, sans que le Public en fût effrayé.
Ainsi le pas le plus délicat étoit fait.
Entrer en payement réel des Billets de
Monnoie étoit donc le seul parti salu-
taire ; il pouvoit être fait de deux manieres.

La premiere & la meilleure étoit
d'annoncer tous les six mois un payement de trois millions de billets tirés au
sort, & de commencer par en faire un
de douze millions avec l'argent prêté
par les Négocians de Saint-Malo. Non-
seulement les billets remontoient à leur
valeur, mais même tous les autres Papiers. Dans l'intervalle de l'année il eût
été très-facile de faire négocier secre-
tement pour une somme de trois millions de nouveaux billets ; au bout des
dix-huit mois le crédit eût été tel qu'on
pouvoit annoncer un payement journa-
lier : alors en permettant de placer les
billets de monnoies dans les recettes,
en se précautionnant d'une caisse de
cinq à six millions pour répondre aux
demandes courantes ; par des négocia-

tions sages & mesurées des effets reçus, on pouvoit espérer de soutenir si bien ce Papier qu'il eût été au pair de l'argent.

Le second moyen étoit d'acquitter pour la valeur des douze millions de billets de monnoie au cours de la place depuis six mois ; ce qui en eût éteint d'abord pour trente millions au moins, & d'établir un fonds certain de quatre millions pour en éteindre autant tous les ans sur le même pied. En quelque état que les affaires fussent réduites, il étoit facile de trouver ce fonds, & le profit seul du premier payement étoit plus que suffisant pour se le procurer continuellement par des manœuvres adroites & prudentes. Si l'on eût ajoûté à ces précautions la permission de les placer dans les recettes du Roi sur le même pied, vraisemblablement les Billets de Monnoie finissoient par gagner le pair sur la place. La plus legere réflexion sur la nature du crédit suffira pour faire concevoir la possibilité de ces arrangemens, & en même tems le mouvement singulier qu'ils eussent communiqué à toutes les parties de l'Etat. Les affaires étoient parvenues à ce période terrible, où il est impossible de les rétablir que

par des degrés très-lents ; & l'urgence
des circonstances ne permettoit pas
d'employer tous les moyens qui pouvoient y conduire ; mais au moins on se
procuroit de grandes facilités pour le
présent & pour l'avenir. Enfin l'abus
& la chute du crédit avoient produit
le desordre ; le crédit renaissant on se
rapprochoit de l'ordre.

ANNÉE 1710.

» Le détail des moyens dont on s'est
» servi pour les dépenses des années
» 1708 & 1709, fait sentir quelle de-
» voit être la difficulté, pour ne pas di-
» re l'impossibilité, de trouver de nou-
» velles ressources pour les dépenses de
» la guerre, qui continuoit avec plus
» de vivacité que jamais après la prise
» de Tournay, & le mauvais évene-
» ment de la bataille de Malplaquet
» qui fut suivie de la prise de Mons.
» Dans cette situation, je proposai
» au Roi, au mois de Novembre 1709,
» de faire faire une régie par douze Re-
» ceveurs généraux, de plusieurs affai-
» res extraordinaires, & d'établir une
» caisse dans laquelle seroient portés les
» fonds, tant des affaires extraordinai-

» res dont ils pourfuivroient le recou-
» vrement, que des fonds qu'on y pour-
» roit faire entrer.

» Les Receveurs généraux donnerent
» en cette occafion des preuves de bon-
» ne volonté pour le fervice ; ils décla-
» rerent qu'en fe chargeant de la régie
» des affaires extraordinaires , ils ne
» prétendoient aucune remife ni béné-
» fice, & fe contenteroient des intérêts
» des avances qu'ils pourroient faire ,
» & qu'ils demandoient feulement, que
» les frais du Bureau de Paris & de ceux
» des Provinces fuffent payés par le
» Roi.

» Ils établirent un Bureau à Paris avec
» un Directeur & un Caiffier ; & pour
» donner du crédit à cette nouvelle
» forme de régie (laquelle prit d'autant
» plus de faveur, que le Public, qui
» étoit fort rébuté des Traitans, vit
» que les recouvremens feroient faits
» fans frais, & fans profit pour ceux qui
» en auroient la direction), on fit entrer
» des fonds dans ces caiffes, qui en font
» fortis pour fournir aux dépenfes ; ce
» qui augmenta tellement le crédit de
» cette caiffe , qu'on peut dire qu'elle a
» foutenu l'Etat jufqu'au mois d'Avril
» 1715.

» Les affaires extraordinaires dont
» les Receveurs généraux furent char-
» gés de faire la régie, & dont les fonds
» furent portés au Bureau qui devoit
» être établi, furent :

» 1°. Le rachat du prêt & droit an-
» nuel.

» 2°. Un denier d'augmentation de
» remise aux Receveurs généraux &
» aux Receveurs des Tailles.

» 3°. Des taxations ou augmenta-
» tions de gages attribués aux Officiers
» comptables.

» 4°. L'aliénation ou engagement du
» Contrôle des actes des Notaires.

» 5°. L'affranchissement de la Capi-
» tation du Clergé.

,, Tous ces fonds extraordinaires ont
,, produit près de soixante-huit millions
,, sans aucune remise, ni deux sols pour
,, livre ; & ces recouvremens ont été
,, faits & remplis sans aucuns frais con-
,, tre les redevables.

,, On peut observer ici que les af-
,, faires extraordinaires, régies par les
,, Receveurs généraux, ont produit
,, quarante-trois millions huit cent dix-
,, sept mille deux cent quarante-six li-
,, vres, dont la remise sur le pied du
,, sixieme & des deux sols pour livre,

» auroit

,, auroit monté à onze millions six cent
,, quatre-vingt-dix-huit livres, qu'on
,, a ménagées pour le Roi & pour les
,, redevables.

,, Telle est l'origine de cette caisse
,, de régie dont la recette a été faite sur
,, les quittances des Gardes du Trésor
,, Royal, & du Trésorier des revenus
,, casuels, pour en compter au Conseil
,, seulement & à l'ordinaire, comme
,, ont fait les Traitans.

,, Cet arrangement pris, il fallut
,, penser à acheter des grains pour les
,, vivres de l'armée. Les Intendans eu-
,, rent ordre de faire des marchés. On
,, dressa un état de ce qu'il en falloit,
,, tant pour les troupes qui tiendroient
,, garnison pendant le quartier d'hyver,
,, que pour les armées assemblées ; il
,, montoit à sept cent trente-trois mille
,, sacs, qui coûterent plus de trente-
,, cinq livres le sac ; & cette dépense,
,, avec les frais de voiture jusqu'aux
,, magasins, passoit vingt-cinq millions.

,, Les Munitionnaires ne furent char-
,, gés que des équipages pour la voiture
,, des vivres aux armées, de la mouture
,, des grains ; façon, cuisson, & distri-
,, bution du pain, dont la dépense fut

,, confidérable par rapport à la cherté
,, des grains.

,, On peut remarquer combien l'ex-
,, cès du prix des grains pendant les an-
,, nées 1709 & 1710, a augmenté les
,, dépenſes par comparaiſon aux années
,, précédentes.

,, Pendant cette année 1710, le Roi
,, fit des avances pour parvenir à la
,, paix. M. le Maréchal d'Uxelles & M.
,, l'Abbé de Polignac furent envoyés à
,, Gertruydenberg, pour conférer avec
,, les Députés des Etats de Hollande.

,, On ſçait que ces Conférences n'eu-
,, rent aucun ſuccès ; la guerre conti-
,, nua, & les ennemis ayant aſſiégé &
,, pris Douay, Saint-Venant, Bethune
,, & Aire, il fallut travailler à recher-
,, cher de nouveaux moyens pour con-
,, tinuer la guerre.

,, La ſituation de l'Etat ne pouvoit
,, être plus preſſante. L'épuiſement to-
,, tal des reſſources pratiquées dans les
,, Finances depuis vingt-deux ans, fai-
,, ſoit plus que jamais deſeſpérer de le
,, ſoutenir.

,, Dans cette extrêmité, on demanda
,, des Mémoires à divers perſonnes ;
,, pluſieurs des Intendans des Finances

» furent confultés , plufieurs des Rece-
» veurs généraux & autres Financiers
» furent appellés , & donnerent diffé-
» rens Mémoires ; il falloit s'affurer
» d'un fonds annuel pendant la guerre ,
» qui ne chargeât point les revenus du
» Roi, comme tous les autres moyens
» dont on s'étoit fervi auparavant. Après
» un examen long & exact , on ne put
» trouver d'expédient plus convenable
» que d'établir le dixieme du revenu de
» tous les fonds , & généralement de
» tous les biens.

» L'impofition en fut ordonnée par
» la Déclaration du 7 Octobre 1710.
» Cette levée étoit un remede extrême
» & violent : les ennemis de la France
» fe perfuaderent que l'établiffement en
» feroit impoffible ; mais ayant vû que
» tous les Sujets fe prêtoient aux be-
» foins de l'Etat , & qu'il fe faifoit pai-
» fiblement & fans réfiftance , ils regar-
» derent le dixieme comme une reffour-
» ce inépuifable pour la guerre.

» On peut dire que c'eft un des prin-
» cipaux motifs qui ont déterminé les
» ennemis à faire la paix ; ils s'en
» font même affez expliqués, pour ne
» laiffer aucun lieu d'en douter.

» On prit enfuite la réfolution d'an-

» nuller toutes les affignations qui a-
» voient été faites, tirées par avance,
» & de les convertir en rentes fur l'Hô-
» tel-de-Ville.

» Les Ordonnances expédiées pour
» les dépenfes de l'année
» 1710, ont monté à la   liv.
» fomme de 225847281

„ Les fommes affignées jufqu'au
„ 31 Décembre 1713 montant à la
„ fomme de 185491039
„ Il a été affigné   187939820
„ pendant l'année
„ 1714 pour lefdites
» dépenfes. . . . 2448781

» Partant reftoit à affi-
» gner à la fin de 1714 des
» dépenfes de 1710 37907461

» La ftérilité de l'année 1709 & les
» mauvaifes récoltes des années qui l'ont
» fuivie, ayant caufé une grande dimi-
» nution fur les revenus du Roi, on
» ne put continuer de payer, comme
» auparavant, les arrérages des rentes
» conftituées à l'Hôtel-de-Ville de Pa-
» ris : on ne put même payer que fix
» mois dans une année.

» Ce retardement donnoit lieu d'ap-
» préhender quelque mouvement fâ-
» cheux des Rentiers : néanmoins le

» Public, inftruit qu'on employoit exac-
» tement tout le produit des Fermes
» pour payer les rentes, & qu'on fe
» donnoit des foins particuliers pour
» raffembler des fonds qui avoient été
» retenus dans les caiffes des Provinces
» par des Commis auxquels on fit le
» procès, fe prêta aux befoins de l'E-
» tat, & fouffroit ce retardement avec
» affez de foumiffion : on fut même
» obligé de retarder le payement des
» gages des Compagnies fupérieures.

» La caufe de ce retardement a été
» connue. Il n'eft pas néanmoins inu-
» tile d'obferver que le produit des Fer-
» mes Générales unies, qu'on eftimoit
» année commune quarante-fix millions
» au moins, n'a monté en 1709 qu'à
» trente-un millions, & en 1710 à qua-
» rante millions de livres.

Affaires extraordinaires par Traités.

Vente des Offices
d'Infpecteurs Confer-
vateurs généraux des
Domaines en chaque
Province du Royau-
me, 517850 liv. net.. 431541 13 4
                                liv. f. d.
Permiffion de ven-

	liv.	f.	d.
De l'autre part.	431541	13	4
dre en gros, vins, eaux-de-vie, &c. 800000 liv. net....	666666	13	4
30000 liv. de gages attribués aux Contrôleurs des exploits ; 600000 liv. net............	500000		
Deux années de jouiffance des droits anciens & nouveaux fur chaque bœuf, vache, &c. & foixante vendeurs defdites marchandifes, avec attribution d'un fol pour livre commué en un droit d'entrée aux portes & barrieres de la Ville & fauxbourgs de Paris, net..	100000		
Confirmation des Poffeffeurs des Ifles, Iflots, &c. 500000 liv. net........	416666	13	4
Dix Offices de Voituriers par eau de			

2114875

liv. f. d.

De l'autre part   2114875

Paris à Rouen réunis aux vingt anciens, moyennant. 141666 13 4

Offices d'Echevins, Confuls, Capitouls, Jurats, &c. dans les Hôtels - de - Ville ; 1500000 liv. net. . . .   1250000

Offices de Police, un Receveur & Contrôleur des amendes, & deux Subftituts des Procureurs du Roi en chaque Siége de Police ; 1800000 liv. net.   1500000

Suppreffion des Greffiers Confulaires, & création de nouveaux ; & établiffement de vingt nouvelles Jurifdictions Confulaires ; réfultat 800000 liv. net. . . .   666666 13 4

Receveurs particuliers alternatifs des impofitions du Dau-

5673208 6 8

	liv.	f.	d.

De l'autre part phiné, tant au profit du Roi que des Communautés ou particuliers réunis aux anciens Titulaires, &c. résultat 250000 liv. net. . . . 5673208 6 8

	liv.	f.	d.
De l'autre part	5673208	6	8
...résultat 250000 liv. net. . . .	208333	6	8
Droit de rehausse-ment pour trois an-nées sur les sels de Franche-Comté.	300000		
Aliénation de 12000 liv. de rente dans la Généralité de Lyon pour le rachat de la Capitation ; 240000 liv. net. . . . ;	200000		
Aliénation de 300000 liv. de ren-te au denier dix-huit sur les recettes géné-rales ; 5400000 liv. net.	4725000		
Cinquante Inspec-teurs des veaux à Pa-ris au lieu des Tréso-riers ; 500000 liv.			
	11101541	13	4
	net		

	liv.	f.	d.
De l'autre part.	11106541	13	4
net.	416666	13	4

Six deniers d'aug-
mentation par Con-
trôle d'exploits, au
lieu des gages attri-
bués aux propriétai-
res des Offices de
Contrôleurs. 600000

Six fols huit de-
niers d'augmentation
par quintal de toutes
les voitures fur le
Canal de Languedoc
pendant dix ans,
moyennant. 250000

Décharge des Mar-
chands de vin privi-
légiés pour indûe
jouiffance de vingt-
fept fols d'augmenta-
tion de droits par
chaque muid & des
deux tiers du gros
d'arrivée , moyen-
nant. 66000

Domaines en Flan-
dre. 1200000

13639208 6 8

	liv.	f.	d.
De l'autre part. 13639208		6	8

Tréforiers Payeurs & Contrôleurs des gages des Communautés d'Arts & Métiers, au lieu des Juges Gardes des Etalons, Méfureurs ; réfultat 600000 liv. net. 500000

8250 livres d'augmentation de gages attribuées aux Commiffaires Provinciaux des guerres ; 165000 liv. net. 137500

Dix deniers de taxations aux Receveurs & Contrôleurs triennaux des fouages en Bretagne ; 800000 liv. net. 666666 13 4

Offices de Syndics Tréforiers & Contrôleurs des guerres ; 300000 liv. net. 250000

Huit années de jouiffance des droits

————————

15193375

liv. f. d.

De l'autre part. 15193375
sur les huiles. . . . 3000000
Continuation du bail des Fermes de Savoie pendant l'année 1711, moyennant. 630000

Affaires par recouvremens.

Aliénation du Contrôle des actes hors les Provinces de Bourgogne, Franche-Comté, Dauphiné & Soissonnois. 16538000
Affranchissement de la Capitation du Clergé. 24000000
Autres recouvremens indiqués par le Mémoire, dont 600000 liv. de rente au denier vingt à repartir entre les Intéressés dans les affaires depuis 1699. 27462000
Au mois de Janvier

86823375

K k ij

liv. f. d.

De l'autre part. 86823375

il fut créé 30000 liv.
de rentes au denier
vingt pour repartir
entre les acquéreurs
des Lettres de No-
bleſſe.   600000

300000 livres de
rente au denier dix-
huit à repartir entre
les Privilégiés des
Villes franches.   5400000

Au mois de No-
vembre, 600000 liv.
de rente au denier
vingt ſur les Aides &
Gabelles.   12000000

Converſion ordon-
née au mois d'Octo-
bre 1710 en rentes des
aſſignations des an-
nées précédentes. . . .   33957866
                            —————————
                            138781241

Cette création de rentes au denier
vingt étoit en conſéquence d'un Edit,
par lequel les rentes conſtituées précédemment à d'autres deniers, étoient
réduites à ce taux, afin d'en aſſurer le

payement déja interrompu , comme
on vient de le voir. Cette facilité du
Public à confier de nouveau son argent
après une semblable Déclaration , prouve assez solidement ce qui a été remarqué à l'année 1709 , qu'avec quelque
exactitude il étoit possible de rendre
l'activité à la circulation tant de l'argent que des billets de monnoie.

Pour retirer du Public une partie des
billets de monnoie convertis en billets
des Receveurs & Fermiers Généraux
à cinq ans, & aussi les billets particuliers qui avoient été délivrés à raison
des intérêts échus, il fut constitué un
million de rentes au denier vingt sur
les Gabelles , qui ne pouvoient être
acquises qu'avec ces effets.

Depuis le mois de Février 1709 jusqu'au 14 Octobre de cette année , il
ne fut payé à la Caisse des emprunts ni
capitaux ni intérêts. Il fut ordonné qu'à
l'avenir les intérêts seroient réduits à
cinq pour cent , & payés d'année en
année : mais que les promesses seroient
renouvellées pour quatre ans, afin d'ê-
tre remboursées dans le terme. Le 20
Décembre il fut changé quelque chose
à cet arrangement ; les intérêts à dix
pour cent dûrent être joints au capital

des promeſſes, pour être leſdites promeſſes renouvellées d'année en année
juſqu'au rembourſement qui ſeroit fait
immédiatement après la Paix ; & cependant l'intérêt du tout payé annuellement à cinq pour cent.

On peut ſe reſſouvenir qu'en 1707
M. de Chamillart avoit engagé les Fermiers Généraux à emprunter ſix millions ſur leurs billets particuliers ſignés
deux à deux. Comme ils n'avoient pû
être acquittés aux échéances, il fut ordonné aux porteurs de les convertir en
promeſſes de la Caiſſe des emprunts,
avec l'intérêt à cinq pour cent.

On conçoit que ce fut la fin du crédit de la Caiſſe des emprunts ; on lui
ſubſtitua le crédit nouveau de la Caiſſe
de Régie, qui tomba depuis à ſon tour
à-peu-près par les mêmes cauſes. Mais
il eſt important d'obſerver que cette eſpece de renouvellement de crédit étoit
dû pour la plus grande partie à l'ordre
que le public voyoit rétablir dans la
diſtribution ; & l'attention du Miniſtre
à veiller ſur la prompte rentrée des recouvremens le mit ſeule en état de ſoutenir cette réputation d'exactitude dans
un tems très-difficile.

Pendant toutes ces années, les Fer-

mes générales furent en régie : le difcrédit public avoit jetté un tel vuide
dans les confommations, qu'aucun Fermier n'ofoit s'en charger à un prix limité. Peut-être au lieu des frais & de
l'incertitude de cette Régie, eût-il été
plus avantageux au Roi d'affermer à
un prix même modique, en fe réfervant le furplus au-delà des dépenfes
convenues pour la perception. En pareil cas, le moindre intérêt affigné au
Fermier fur cet excédent de recouvrement, fuffit pour répondre de fa vigi-
lance.

Le Contrôle des Actes dans les quatre Provinces exceptées de l'aliénation
fut affermé à deux millions fept cent
vingt mille livres pendant la guerre,
& trois millions en cas de paix.

Le droit fur les fuifs à Paris fut affermé deux cent cinquante mille livres :
le Bail des Fermes de Savoie fix cent
trente mille livres.

Le décri des anciennes efpeces avoit
été annoncé le 28 Décembre 1709,
comme nous l'avons remarqué : mais
au mois d'Octobre on s'apperçut enfin qu'on n'avoit travaillé qu'en faveur des étrangers. Les vieilles efpeces
qui n'avoient point été tranfportées,

n'en paroissoient pas davantage aux Monnoies ; on les rappella dans le Commerce en leur donnant cours , sçavoir aux louis d'or pour treize livres, & aux écus pour trois livres dix sols. Quoique la différence fût encore trop forte pour rétablir la circulation & arrêter le billonage, ce fut au moins un moindre mal & une incertitude de moins dans les propriétés. Il est difficile de concevoir comment une expérience aussi frappante & aussi constante n'ouvroit pas les yeux du Gouvenement. On cherchoit du crédit au même tems qu'on altéroit la confiance réciproque dans les engagemens des particuliers. Car les propriétés étoient incertaines ; puisque les possesseurs des vieilles especes étoient exposés aux recherches : il étoit plus sûr de faire sortir son argent du Royaume, que de l'employer ; soit à raison du bénéfice du billonage, soit à raison de la crainte d'être remboursé en especes foibles pour une monnoie forte.

Il paroît que depuis le 14 Mai 1709, jusqu'à la fin de Janvier 1711 , il avoit été apporté aux Monnoies pour deux cent quatre-vingt-huit millions soixante-douze mille trois cent livres en especes, & en billets de monnoie trente-huit millions trois cent quarante-trois mille liv. La délivrance montoit à trois cent quarante-un millions sept cent huit mille seize livres ; les frais & le déchet à cinq millions neuf cent seize mille quatre cent livres, par conséquent jusques-là le bénéfice du Roi étoit de neuf millions trois cent quatre-vingt-six mille trois cent seize livres en especes ; & en comptant les billets de monnoie retirés du public, de quarante-sept millions sept cent trente-neuf mille trois cent seize livres. Il est certain que les particuliers ne pouvoient être plus fortement invités d'y porter ces billets, puisque l'Arrêt du 7 Octobre annonçoit leur décri au 11 Février de l'année suivante. Pour faciliter encore cette conversion, on permit de nouveau de les faire entrer pour un cinquieme dans les valeurs portées aux Monnoies : mais ces prétendus avantages séduisoient peu de personnes : ceux qui sçavoient calculer, trouvoient leur compte à envoyer leurs especes à l'étranger, même en supposant la perte de leurs billets de monnoie ; & ces billets, après tout, étoient une dette à laquelle, de maniere ou d'autre il falloit fatisfaire un jour.

Ne quittons point les opérations de cette année, fans faire quelques réflexions fur l'établiffement du dixieme. Lorfque toutes les voies de traités & de recouvremens d'affaires extraordinaires eurent été épuifées, on fut forcé de recourir à l'impofition générale. Mais plus on avoit tardé à employer cette reffource, plus la charge en fut pefante fur les Peuples, & moins l'Etat en retira d'avantages. Le difcrédit des effets publics dans la Capitale avoit intercepté les confommations, l'unique moyen par lequel elle puiffe répandre dans les Provinces ce qu'elle en retire néceffairement tous les ans ; les bénéfices de l'ufure avoient étouffé le germe de l'induftrie, & engloutiffoient le peu de capitaux que l'altération continuelle des monnoies n'empêchoit pas de circuler : l'allarme & le defordre avoient été portés dans toutes les familles, par l'exécution d'une infinité de traités odieux ; tous les revenus dans l'Etat étoient tombés : auffi va-t-on voir que le dixieme ne rendit pas plus de vingt-quatre millions dans les meil-

leures années. N'eft-il pas évident qu'en
l'impofant dès le commencement de la
guerre, lorfque tous les revenus étoient
encore entiers, il eût produit beaucoup davantage ? N'eft-il pas évident
que par la voie du difcrédit, des changemens de monnoie, des Traités, non-
feulement chacun avoit payé annuellement l'équivalent du dixieme, fans que
l'Etat en profitât, mais encore, ce qui
eft bien plus fâcheux & prefque fans
reffource, tous les revenus étoient diminués ? L'Etat cependant dépourvû
d'argent, avoit payé les fournitures la
moitié au-delà de ce qu'elles auroient
coûté dans un tems d'ordre : la fomme
de ces dépenfes fe trouvoit en partie
convertie en renes perpétuelles, &
cette charge menaçoit la poftérité la
plus reculée de lui faire partager les
malheurs préfens : voilà les fruits cruels
de ces prétendus ménagemens pour le
Peuple; jamais ils ne furent dictés par
l'amour qu'on a pour lui. Mais comme avant d'établir l'impofition il faut
que l'adminiftration n'ait plus rien à
gagner fur elle-même, & que rare-
ment les tems de guerre font fufcep-
tibles de réforme, ou que le courage
manque, on met en jeu le crédit, dont

la reffource paroît d'autant plus com-
mode & plus abondante, qu'on en con-
noît moins les véritables principes. On
finit par l'impofition, dont la durée n'a
plus de bornes; mais on a paru forcé
par la néceffité, quoique dans le fait
on l'ait produite cette fatale néceffité,
par le mélange d'un faux refpect humain & d'une grande indifférence pour
l'intérêt public. Le Peuple, toujours
porté au foupçon & au murmure dans
les opérations dont on lui fait un myf-
tere, comme on peut affurer qu'il eft
toujours jufte & docile dans les chofes
dont il comprend la néceffité, ne voit
que l'impofition & une durée perpétuelle : le préjugé national s'accoutume à
confondre ces deux idées, & force quelquefois l'adminiftration la plus éclairée
à s'écarter des bons principes, ou à
opérer le falut public avec un air de
dureté.

On ne fçauroit trop répéter cette importante vérité, que le point capital
dans le maniement des Finances, eft de
veiller à la confervation du revenu national : or les emprunts forcés hauffant
l'intérêt, nuifent encore plus à la confervation du revenu national que l'impofition ; & ce ne fera jamais que par

DEPENSES DE 1710.

	Sommes affignées.	Refte à affigner.
ordinaire des guerres	7757601 1 liv.	7172971 2 liv.	5846299 liv
de munition.	33269978	26271874	6998104
es	9524488	9075445	449043
es du Corps & autres			
tits Tréforiers	4924526	4924526	
erie.	3659220	3139678	519542
ications.	1981972	822897	1159075
ne.	15200710	4538647	10662063
es.	3188456	2348273	840183
ons Royales	9568786	9568786	
nfes du Tréfor Royal	66953134	55519982	11433152
	225847281	187939820	37907461

Diftribution des Ordonnances.

igné pour les dépénfes de 1708 ...	9858609	
m de 1709	5631524	
les fonds de 1710	140418741	
1711	5631483	
1712	3741598	liv.
1713	1245621	229025782
1714	471817	
igné pour la dépenfe des années		
& précédentes	8470542	

un usage modéré du crédit & de l'imposition qu'on parviendra à répondre
aux dépenses extraordinaires sans épui-
ser l'Etat, & à établir en même tems
la confiance dans l'administration, dont
elle doit être le principal ressort.

	liv.
Les revenus de 1710 montoient à	96192337
Les charges & diminutions à	59759592
Parties du Trésor Royal	36432745
Il fut consommé par anticipation	
Sur 1714.	16929323
Sur 1715.	4817900
Sur 1716. , ... ,	849610
	59029578
Sur la Capitation.	29769644
	88799222
Fonds extraordinaires..	138782141
	227580463

Voyez l'Etat des dépenses de 1710.

ANNÉES 1711, 1712.

« L'explication des fonds qui ont
» servi aux dépenses des années 1708,
» 1709 & 1710, fait connoître fensi-
» blement quelle étoit la difficulté de
» trouver des reffources fuffifantes,
» pour continuer de fi grandes dépenfes
» que celles qui ont été faites pendant
» ces trois années. L'établiffement du
» dixieme donnoit de grandes efpéran-
» ces ; mais l'évenement a juftifié que
» le recouvrement des plus fortes an-
» nées n'a pas monté à vingt-quatre
» millions. . . . .

» Le dixieme des penfions & des au-
» tres dépenfes qui fe payoient au Tré-
» for Royal, fujettes à la retenue du
» dixieme, opéroit une diminution des
» dépenfes, mais ne produifoit pas un
» fonds préfent pour celles qu'il faut
» payer actuellement.

» Il falloit donc penfer à affurer des
» fonds qui puffent entrer fucceffive-
» ment dans les Caiffes.

» C'eft le motif qui fit ordonner, par
» la Déclaration du mois d'Octobre
» 1710, la converfion de toutes les af-
» fignations tirées par avance fur les re-

» venus de 1711, 1712 & 1713, pour
» ôter tous les papiers qui empêchoient
» la circulation de l'argent.

» On ordonna auſſi, par la même
» Déclaration, la converſion en rentes,
» tant des billets de monnoie qui ſub-
» ſiſtoient encore, & des promeſſes à
» cinq ans, faites au lieu de billets de
» monnoie annullés, que des billets
» d'emprunts faits par les Tréſoriers
» de l'extraordinaire des guerres, & les
» Adjoints qui leur avoient été donnés
» pour ſoutenir leur crédit, & des bil-
» lets de ſubſiſtance donnés aux Offi-
» ciers des troupes, & généralement
» des autres papiers qui exiſtoient alors.

» La refonte des eſpeces ordonnée
» en 1709, avoit déja procuré l'extinc-
» tion de plus de quarante millions de
» billets de monnoie & d'autres pa-
» piers.

» On rendit libres par ce moyen les
» fonds qui avoient été conſommés d'a-
» vance ſur les années 1711, 1712 &
» 1713.

» On compta avec les Receveurs Gé-
» néraux des Finances, & on viſa
» leurs aſſignations, pour reconnoître
» ce qu'ils devoient de ces trois an-
» nées.

» Ces dispositions, quoique bonnes
» & nécessaires, causerent un discré-
» dit total aux assignations ; de sorte
» que, pour avancer les dépenses de
» 1711, & même de 1712, on fut obli-
» gé de faire remettre à la caisse des
» Receveurs Généraux, tenue par le
» sieur Legendre, laquelle s'étoit ac-
» créditée par les fonds qui y entroient
» journellement, des assignations sur
» les Receveurs Généraux pour les
» fonds restans libres de la taille & de
» la capitation, & pour l'avance de dix-
» huit millions de livres, qu'on enga-
» gea les Receveurs Généraux de faire,
» sur le produit du dixieme des biens-
» fonds, tant du quartier d'Octobre
» 1710, que de l'année entiere 1711.

» Ce produit étoit alors très-incer-
» tain, & n'a pû monter dans les dix-
» neuf Généralités taillables à quatorze
» millions.

» Les Gardes du Trésor Royal ont re-
» mis, en exécution de ce projet, les assi-
» gnations au sieur Legendre sur ses ré-
» cépissés, portant promesse de leur
» en payer la valeur en argent ou en
» quittances à leur décharge ; ce qui
» a été régulierement exécuté entre les
» Caissiers

» Caiſſiers du Treſor Royal & le ſieur
» Legendre.

» Il eſt néceſſaire d'obſerver qu'au
» commencement de cette année 1711
» le Roi ayant réſolu d'aſſembler l'ar-
» mée avant qu'il y eût de l'herbe pour
» fourrager, il donna ſes ordres pour fai-
» re des magaſins de fourrages ſecs, qui
» puſſent faire ſubſiſter les chevaux de
» la Cavalerie pendant ſix ſemaines ;
» & cette dépenſe extraordinaire qu'il
» fallut payer comptant, outre le cou-
» rant des autres dépenſes, a monté à
» trois cent cinq mille livres, ſuivant
» l'ordonnance qui en a été ſignée par
» le feu Roi.

» Pour procurer avec ſolidité des
» fonds actuels à la caiſſe de régie, tant
» pour cette dépenſe de fourrage que
» pour les autres, on obligea les Re-
» ceveurs Généraux de payer en ar-
» gent à la Caiſſe de régie, le montant
» des aſſignations des premiers mois de
» leurs exercices, & de faire leurs bil-
» lets pour les derniers mois ; ce qui a
» été régulierement exécuté.

» Les billets des Receveurs Géné-
» raux étant faits pour des termes peu
» éloignés, furent négociés à un inté-
» rêt médiocre ; & on évita par ces

» arrangemens les escomptes qu'il au-
» roit fallu passer aux Banquiers & aux
» Fournisseurs, si on leur avoit donné
» les assignations à négocier, comme
» on avoit fait en d'autres années.

» On fit de plus entrer dans cette
» Caisse, suivant le premier projet,
» sans traitans ni remises, & sans frais
» que ceux de la régie, les dons gra-
» tuits des villes & le doublement des
» Inspecteurs des boissons & des octrois,
» qui ont produit de net trois millions
» soixante-huit mille soixante-cinq
» livres.

» Pour augmenter les fonds nécessai-
» res à fournir aux dépenses toujours
» pressantes, on accepta, suivant l'or-
» dre du feu Roi, quelques avances
» proposées par divers particuliers en
» argent, avec une partie en papiers ;
» ce qui procura un fonds actuel de cinq
» millions deux cent soixante mille
» livres.

» Le papier accepté ne monta qu'à
» huit cent vingt-trois mille livres, qui
» a été remboursé en assignations sans
» intérêts.

» Le feu Roi ayant convoqué une
» assemblée du Clergé dans cette même
» année 1711 pour l'établissement du

» dixieme, le Clergé propofa de don-
» ner au Roi huit millions pour en
» être déchargé, & cette offre fut ac-
» ceptée.

» Tous ces fonds ont produit près
» de cent millions, qui ont fervi aux
» dépenfes des années 1711 & 1712.

» L'Ordre de Malthe & le Clergé
» des Evêchés de Metz, Toul, Ver-
» dun & Perpignan, ont donné cent
» quarante-deux mille livres pour être
» déchargés de l'établiffement du di-
» xieme.

» La Province d'Alface & la ville de
» Strasbourg, deux millions neuf cent
» foixante-treize livres, pour en être
» pareillement déchargées.

» Voilà ce qui a été fait pour l'éta-
» bliffement & pour la décharge du di-
» xieme.

» L'établiffement du dixieme ne per-
» mettoit plus de faire des traités, ni
» autres affaires extraordinaires ; il fal-
» loit néanmoins d'autres expédiens
» pour avoir de l'argent.

» On créa par un Edit du mois de
» Janvier 1712 des Charges d'Infpec-
» teur des Finances, auxquelles on
» avoit attribué des gages & des frais
» d'exercice,

» Pour en affûrer le payement, on
» avoit ordonné par Arrêt du 26 Jan-
» vier, une impofition de trois deniers
» pour livre pour augmentation fur le
» total de la taille, qui devoit produire
» 480000 livres par an.

» Les charges n'ayant point été le-
» vées, on propofa de faire ufage du
» produit de ces taxations, & de créer
» des rentes fur les Tailles au denier
» douze, pour le rembourfement def-
» quelles on affecta trois cent mille liv.
» par an ; & ce rembourfement devoit
» être fait de fix mois en fix mois.

» Ces rentes ne devoient pas être
» perpétuées; elles devoient s'éteindre
» dans le cours de treize années. D'ail-
» leurs, pour leur donner plus de cré-
» dit, on jugea qu'il ne falloit point les
» confondre avec les autres rentes de
» l'Hôtel-de-Ville.

» Ces motifs déterminerent à propo-
» fer un homme de bonne réputation
» & connu du public, pour faire la re-
» cette du principal, payer les arréra-
» ges d'année en année, & faire dans les
» tems prefcrits les rembourfemens.

» Le fieur Belanger, Tréforier du
» Sceau, fut choifi pour cette fonction.
» L'Edit du mois de Juin 1712 portant

» création de cinq cent mille livres de
» rentes à prendre par préférence fur
» tous les deniers des Tailles, commet
» le fieur Belanger pour faire la recette
» des principaux de la conftitution,
» celle des fonds deftinés pour payer
» les arrérages & pour faire les rem-
» bourfemens.

» Par le même Edit, le fieur Belan-
» ger eft chargé de remettre aux Gar-
» des du Tréfor Royal les fonds de la
» conftitution, les quittances du paye-
» ment des arrérages & des rembour-
» femens, pour en compter par eux à
» la Chambre des Comptes.

» Il reftoit encore des billets de mon-
» noie & des billets à cinq ans. Il avoit
» été ordonné par Arrêt du 30 Novem-
» bre 1711, qu'ils demeureroient
» éteints & de nulle valeur au premier
» Mars 1712.

» Par Arrêt du 6 Février de la même
» année 1712, il fut permis pendant le
» refte de ce mois de les porter en ren-
» tes à la tontine, en fourniffant moi-
» tié en argent.

» Plufieurs Négocians ayant eu avis
» de l'arrivée d'une quantité de matie-
» res d'argent qu'ils n'avoient pû faire
» porter aux Monnoies avant la dimi-

» nution résolue pour le premier Fé-
» vrier, on leur accorda, par cinq Ar-
» rêts, le même prix qui avoit été fixé
» avant le premier Février, & leurs
» matieres furent reçûes avec profit
» pour eux, jufqu'au premier Janvier
» 1713.

» Enfin, au mois de Décembre 1712,
» le Roi, pour avancer la converfion
» des efpeces & matieres qui reftoient
» à porter aux Hôtels des Monnoies,
» abandonna le profit de la converfion,
» & ordonna par un Arrêt du 6 Dé-
» cembre 1712, que les anciennes ef-
» peces & matieres y feroient payées
» fur le pied de toute leur valeur.

» Les Ordonnances pour les dépen-
» fes de l'année 1711   liv.
» ont monté à. 264012881

» Mais attendu
» qu'entre ces Or-
» donnances il y en
» avoit une de. . . . 46165094 pour
» la remife des exer-
» cices précédens,
» qui n'opere ni re-
» cette ni dépenfe
» actuelle, laquelle
» fomme il faut dé- ————————
» duire, refte. 217847787

De l'autre part 217847787 liv.

» C'eſt à quoi ſe
» trouvent monter
» toutes les Ordon-
» nances de dépen-
» ſes actuelles pour
» l'année 1711.

» Il a été aſſigné
» à compte deſdites
» dépenſes juſqu'au
» premier Décem-
» bre 1713........ 167076582

» Partant il reſtoit
» à aſſigner en 1714
» & 1715 pour leſ-
» dites dépenſes ...   50771205

» On ne détaille point tous les fonds
» qui ont été conſommés pour les dé-
» penſes des deux années 1711 & 1712,
» afin d'éviter une explication qui ſe-
» roit trop longue. Si on ſouhaitoit de
» la voir, on la trouveroit dans les vo-
» lumes qui ont été faits pour chacune
» de ces années, qui contiennent les
» recettes de toute nature, & pareil-
» lement les dépenſes ordonnées & fai-
» tes pendant ces mêmes années.

» Les Ordonnances expédiées pour

» les dépenses de l'année
» 1712 ont monté à la   liv.
» somme de 240379947

   » Les sommes assignées
» jusqu'au 31 Décembre
montent à 202403099

   » Partant, restoit à assi-
» gner pour lesdites dé-
» penses pendant les an-
» nées 1714 & 1715 ». . . 37976848

Affaires extraordinaires de 1712 par Traités.

	liv.	s.	d.
22000 liv. d'augmentations de gages des Conseillers de Police, 352000 liv. net...	293333	6	8
Continuation pendant deux ans de la levée des droits sur les bœufs, vaches & veaux entrant à Paris, moyennant	1000000		
Lieutenans Crimi-nels & autres dans les Amirautés du Royaume, 600000 liv. net...	500000		
	1793333	6	8

Augmentations

	liv.	f.	d.
De l'autre part 1793333		6	8

Augmentations de gages attribuées aux Commissaires & Greffiers des Inventaires, &c. 450000 liv. net. 375000

Offices dans les Bailliages & Siéges Présidiaux d'Ypres & Valenciennes, 238040 l. net. 198366 13 4

15000 liv. de rentes d'augmentations de gages aux Officiers vétérans & aux veuves d'Officiers revêtues de leurs Offices jouissant des privileges, 300000 liv. net. 260000

10900 liv. de rentes aux Commissaires & Contrôleurs de la Maison du Roi, 218000 liv. net. 151334

Autres affaires sans Traités.

Fabrication des pieces de trente deniers ......

————————
2778034

	liv.
De l'autre part...	2778034
dans la Monnoie de Lyon jufqu'à la concurrence de quatre cent mille marcs...	700000
Fabrication de cent mille marcs de pièces de quatre fols dans la Monnoie de Strasbourg, à fix liv. dix fols par marc	650000
Rachat du Dixieme par le Clergé	8000000
Abonnement du Dixie-me en Languedoc par an.	500000
	12628034

Au mois de Janvier on conftitua au denier vingt fur les Aides & Gabelles la fomme de 1200000 liv. de rentes   24000000

Février, 500000 liv.   10000000

Juin, 200000 liv.   4000000

Juin, 1000000 l. de rentes, pour éteindre les billets de monnoie convertis en promef-fes des Fermiers & Receveurs généraux   20000000

Décemb. 1000000 l. de rentes   20000000

} 114000000

126628034

Augmentations de gages aux Commiffaires des In-ventaires, 20000 liv. au denier vingt   400000

127028034

DEPENSES DE 1711.

		Sommes affignées.	Refte à affigner.
ordinaire des guerres	8907819 5 liv.	66225914 liv.	22852281 liv
e munition.	15637727	14236600	1401127
s	7513223	6983727	529496
s du Corps & autres			
ts Tréforiers	5163929	5163929	
erie	2570099	2126481	443618
ications	2052282	1807084	245198
e	15293293	4404097	10889196
es.	2808808	1135713	1673095
ns Royales	10235618	8530903	1704715
nfes du Tréfor Royal	113659665	102627228	11032437
	264012839	213241676	50771163

Diftribution des Affignations.

les dépenfes de l'année 1708 . . .	4503619	
1709 . . .	2719784	
1710 . . .	10799198	
Sur les fonds de 1711 . . .	163418008	
1712 . . .	15691619	
1713 . . .	3479917	276481977
1714 . . .	3571723	
gnations pour les dépenfes de l'an-		
ée 1707 & précédentes	45410722	

Les Revenus de 1711 montoient à	102112510	
Les charges & diminutions.	63149548	
Parties du Tréfor Royal	38962962	
Par anticipation jufqu'en 1714.	22370801	
Sur 1715 . . .	12530490	
Sur 1716 . . .	1560480	**liv.** 275596136
Affigné fur la Capitation.	34729072	
Sur le dixieme . . .	38414297	
Fonds extraordinaires & Traités.	117028034	

Voyez l'Etat de dépenfes de 1711.

Avant de paffer à l'examen des fonds & des dépenfes de 1712, il n'eft point inutile de s'arrêter fur une réflexion du Miniftre au fujet de la converfion ordonnée en rentes des billets de monnoie, des promeffes à cinq ans, des billets des Tréforiers de l'Extraordinaire des Guerres, billets de fubfiftance, &c. *Ces difpofitions, quoique bonnes & néceffaires,* dit-il, *cauferent un difcrédit total aux affignations.*

Cela devoit arriver néceffairement : la liberté eft l'ame du crédit ; & des contrats ne peuvent remplacer un papier négociable fans frais, fans formalités, fans longueurs. Payer en contrats ce qui étoit exigible en argent, c'eft bien plus manquer à son engagement que si l'on payoit à terme ce qui étoit acheté au comptant ; le dommage qu'en reçoit le créancier , le dérangement qui peut en résulter dans la circulation fera beaucoup plus considérable encore. Presque tous les gros créanciers de l'Etat font débiteurs en détail d'une infinité de personnes dont l'aisance dépend du bon payement ; & leur aisance retourne furement à l'Etat , comme l'Etat perd si cette aisance souffre. Dans quel tems encore cette conversion est-elle faite ? Dans un moment où les especes font refferrées & transportées pour la plupart à l'Etranger ; où les contrats même font tellement multipliés que leur folidité est douteufe, après une réduction forcée d'intérêts , une fufpenfion de payemens.

Ces difpofitions étoient cependant bonnes & néceffaires dans la route que le Miniftre avoit fuivie ; mais ces inconvéniens même qu'il éprouva peuvent conduire à douter s'il avoit choifi la meilleure. Le mal n'eft point enfanté par le bien : mais pour corriger en partie le vice d'une opération , il eft fouvent néceffaire de l'accompagner d'une autre qui n'eft pas meilleure en foi , la

circonstance la rend bonne & nécessaire, comme un raisonnement ne laisse
pas d'être conséquent, quoique le principe duquel il émane ne puisse être admis par un esprit juste.

La permission accordée le 7 Octobre
1710, de remettre les vieilles especes
dans le Commerce & de les apporter
aux Monnoies avec un cinquieme en
billets, n'ayant pas eu un effet proportionné au desir du Ministre, il défendit de nouveau sous des peines très-
feveres, soit de les garder chez soi, ou
de les transporter au-dehors. Quelques
recherches entreprises à l'occasion de
ce resserrement ne furent qu'odieuses. Si
le législateur, au lieu de s'aigrir, eût demandé aux Sujets des choses réciproquement avantageuses, il eût été obéi; il
fallut bien en venir-là.

Les billets de monnoie furent totalement décriés au premier Octobre; les
Porteurs eurent néanmoins permission
de les convertir en rentes, moitié perpétuelles, moitié viageres créées en
1705. Lorsqu'on eut pris le parti de
débarrasser le Commerce du restant des
billets de monnoie par une suppression
pure & simple, on augmenta considérablement & sans intervalle le prix des

matieres d'or & d'argent, & des vieilles efpeces dans les Monnoies ; c'eſt-à-
dire que, par une Déclaration du 24
Octobre,

	liv.	f.	d.	liv.	f.
le marc de vieux louis d'or fut porté de . . .	508	15	0 à	561	0
le marc de vieux écus d'argent, de	33	18	4 à	37	8
le marc d'or fin, de . . .	531	16	4 à	612	
le marc d'argent fin, de	35	9	1 à	40	16

Cette nouvelle augmentation confirma les fpéculations des particuliers
qui s'étoient obſtinés à garder leurs
vieilles efpeces ; & ce fuccès, au lieu
d'ouvrir les bourfes, les confirma au
contraire dans l'habitude de garder leur
argent malgré les défenfes & les rifques. On prit donc le parti au premier
Janvier 1752 de diminuer les prix,

	liv.	f.		liv.	f.	d.
pour le marc d'or fin, de	612		à	589	1	9
de vieux louis, de . . .	561		à	540		
le marc d'argent fin, de...	40	16	à	39	5	5
celui de vieux écus, de..	37	8	à	36		

Cette diminution dura jufqu'au mois
de Décembre, & ralentit encore le
travail aux Monnoies, car chacun con-
noiſſoit la rufe ; & il paroît que les
Monnoies, qui pendant les mois de
Novembre & de Décembre avoient fabriqué feize ou dix-fept millions, ne

fabriquerent plus par mois que de deux millions à cinq.

Affaires extraordinaires de 1712;
par Traités.

Confirmation des Offices de Contrôleurs des Exploits, Actes des Notaires, &c. 800000 l. net.   666666 13 4

Offices dans les Monnoies; 130000 livres; net 108333 6 8

Supplément de Finance aux Contrôleurs généraux des Finances & Receveurs particuliers des impofitions de Metz, Alsace, Béarn, Navarre & Franche-Comté; 200000 livres; net 166666 13 4

Prorogation des droits du doublement des Péages pendant fix années; 1800000 livres; net   1620000

                  2561666 13 4

	liv.	f.	d.
De l'autre part.	2561666	13	4
Excédent du Traité des places de Perruquiers & Syndics de leursCommunautés ; 42000 liv. net.	35000		
Dispense du doublement des octrois & tarifs en la Généralité de Bourges ; moyennant . . . . . . ;	110000		
Supplément deFinance aux Contrôleurs & Vifiteurs des poids & mefures des moulins ; résultat 120000 livres ; net.	100000		
Finances de Bourgogne ; 766666 livres 13 fols 4 dem net	737916	13	4
Supplément de Finance aux Vérificateurs des lettres de voitures; 200000 livres; net . . . . . :	166666	13	4
Idem aux Infpecteurs dés vins . ;			
	3711250	0	0

DEPENSES DE 1712.

	Sommes affignées.	Refte à affigner.
ordinaire des guerres	85300047 liv.	67603833 liv.	17696214 liv
e munition	15148331	15148331	
s	8579294	8056283	523011
s du Corps & autres			
ts Tréforiers	5609687	5356897	252790
rie.	3361310	3238852	122458
cations.	1979389	717944	1261445
e	14156034	5470857	8685177
s	2800000	1591587	1208413
s Royales	8760383	7803857	956526
fes du Tréfor Royal	94685472	87414658	7270814
	240379947	202403099	37976848

Diftribution des Affignations.

r les dépenfes de 1707 & années	
ntes	2184741
de 1708	4271631
1709	1255418
1710	6731411
1711	15748179
es fonds de 1712	157419871
1713	12421743
1714	4847521

212646304 liv.

	liv.	f.	d.
De l'autre part.	3711250	o	o
400000 liv. net . . .	333333	6	8

Commiſſaires aux
ventes des meubles ;
500000 livres ; net.   416666   13   4

Supplément de
Finance de différens
Offices ; 3600000 li-
vres ; net   3000000

Continuation des
eſpeces de trente de-
niers dans les Mon-
noies de Lyon, &
Metz juſqu'à deux
cent mille marcs ,
moyennant   350000

Attribution de . . . . .
200000 livres de fa-
xations héréditaires
aux Comptables &
à leurs Contrôleurs
au denier vingt ;
4000000 liv. net....   3600000

Offices de Gardes
& Dépoſitaires des
priſes faites en mer,
&c. 500000 l. net .   416666   13   4

Offices de Tréſo-

_____

11827916   13   4

liv. f. d.

De l'autre part. 11827916 13 4

riers de France , Confervateurs des gages intermédiaires appartenant au Roi ; 9000000 liv. net 750000

Juin 1712 rentes fur les Tailles de 500000 livres au denier douze , rembourfables en 13 ans 6000000

Au mois de Juin 1200000 livres de rentes fur les Aides & Gabelles au denier vingt 24000000

42577916 13 4

Affaires mentionnées dans le Mémoire 10471038

Aux Officiers du Châtelet 3000 liv. d'augmentations de gages 60000

Aux Greffiers des Baptêmes 40000 liv. au denier trente.... 1200000

Aux Subdélegués 50000 l. de rente au den. 16 800000

2060000

55108954 13 4

liv. f. d.

De l'autre part. 55108954 13 4

En nouvelles pro-
meſſes de la Caiſſe des
emprunts négociées
en ſecret. 20664440

Autres fonds dont
je n'ai point recouvré
le détail 17241289

93014683 13 4

Les Impoſitions de 1712
montoient à 112615632

Les charges &
diminutions à . . . 75888609

36727023

Anticipé ſur les
revenus juſqu'en

liv.
1714 8654839
1715 14690073
1716 8530343   212486305
1717 8955675
Sur la Capitation 12670556
Sur le Dixieme 16243113
Fonds extraor-
dinaires & Traités 93014683

Voyez l'Etat de dépenſes de 1712.

Le 16 Décembre 1712 on ſe détermina à achever la refonte & la converſion des eſpeces : le moyen le plus ſûr
d'y parvenir étoit de renoncer au bénéfice exceſſif prétendu juſqu'alors. Soit

que cela se fit en rapprochant le prix des anciennes especes de celui des nouvelles, ou le prix des nouvelles de celui des anciennes ; il étoit certain que les especes circuleroient, que le billonnage cesseroit, que la confiance renaîtroit. N'arrivoit-on à chaque refonte à cette réflexion que par une suite non interrompue de desordres ? comment l'expérience du passé n'étoit-elle pas présente aux yeux de ceux qui gouvernoient ; enfin ne craignons point d'insister trop sur les mêmes réflexions ; comment se déterminoient-ils dans un tems de besoin à suspendre la confiance & la circulation ? Quoique ces faits se soient presque passés de nos jours, il paroît impossible de donner une solution satisfaisante de cette énigme. Vraisemblablement ces diverses refontes se firent uniquement parce qu'il y en avoit eu une premiere, & que les précédentes avoient rendu une somme dont on se laissoit séduire. On ne songeoit point à calculer tout ce qu'on perdoit par ailleurs, & peut-être ne connoissoit-on pas aussi communément qu'aujourd'hui cette liaison immédiate d'intérêt entre l'aisance du Gouvernement & celle des Sujets.

Fin du Tome quatrieme.

TABLE
DES MATIERES
Contenues dans le quatrieme Volume.

A

B

C

TABLE
430

Fin de la Table du quatrieme Tome.

www.ingramcontent.com/pod-product-compliance
Lightning Source LLC
Chambersburg PA
CBHW071952270326
41928CB00009B/1410